Das Herz

21 Tage, die dein Leben verändern

REINHARD HIRTLER

Titel der Originalausgabe:
The Heart: 21 Days to Transform Your Life

3., geringfügig korrigierte Auflage August 2022
Das kreative Team hinter der Übersetzung, dem Lektorat und dem Design: Jeanne, Lisi, Mary, Johanna, Petra, Sarah, Peter, Karin, Ulla, Margarete und Viktor
Satz: RH Publicações
Coverbild: Übernahme des Originals
Druck: CPI books GmbH, 96158 Birkach
ISBN 978-65-995446-4-4

INHALTSVERZEICHNIS

Brazilian Kids Kare

Als Reinhard und Debi 2014 durch den Nordosten Brasiliens reisten, sahen sie die schreckliche Not der Kinder dort. Seitdem haben sie, ergriffen von Gottes Herzen, beschlossen, ihr Leben zu widmen, um diese Realität zu ändern. Sie gründeten *Brazilian Kids Kare,* eine gemeinnützige Organisation, die es sich zur Aufgabe gemacht hat, das Leben von bedürftigen und verlassenen Kindern in Brasilien zu verändern und ihnen durch eine Begegnung mit der Liebe Gottes Wert, Hoffnung und eine Zukunft zu geben.

Ihr langfristiges Ziel ist es, 100 Waisenhäuser und Kindertagesstätten in Brasilien zu errichten, um das Schicksal und die Zukunft dieses Landes zu verändern. Sie wollen auch andere dazu inspirieren und ihnen helfen, das Gleiche zu tun: Ihr Leben und ihre Ressourcen zu geben, um die Zukunft dieser Kinder positiv zu gestalten.

Weitere Informationen zu diesem Projekt und der Möglichkeit, unseren monatlichen Newsletter zu abonnieren, findest du unter www.braziliankidskare.org

EINLEITUNG

Im Jahr 1992 fühlte ich mich vom Herrn zu einem 14-tägigen Wasser-Fasten geführt. Das war die Zeit, als wir noch kein Internet, keine Handys oder vergleichbare elektronische Geräte hatten. Der Herr bat mich, den Großteil der Zeit in meinem Keller im Gebet zu verbringen.

An meinem 13. Fastentag ging ich wie üblich frühmorgens in den Keller und verbrachte den ganzen Tag mit Gebet, Meditation und dem Lesen des Wortes Gottes. Am Nachmittag sprach der Herr sehr deutlich zu meinem Herzen. Er sagte: *"Halte Papier und Stift bereit, denn ich werde dir wichtige Dinge offenbaren."* Als ich gehorchte, wurden mir viele Informationen und Offenbarungen zuteil. Vieles ergab damals für mich keinen Sinn, aber ich schrieb es trotzdem auf. Zahlreiche Bibelstellen wurden mir vor Augen geführt, um sie zusammen mit den Offenbarungen aufzuschreiben. Auf diese Weise wurden mir eine Menge Informationen gegeben. Als das Ganze zu Ende war, schlug ich die Bibelstellen nach, und alles passte perfekt zusammen.

Viele dieser Offenbarungen erschienen mir damals weit hergeholt. Ich bewahrte alles in meinem Herzen und teilte es nur mit wenigen Menschen. In den folgenden zwei Jahrzehnten studierte und erforschte ich das Herz aus wissenschaftlicher Sicht. Ich schlug auch jede einzelne der 854 Bibelstellen nach, in der das Wort *Herz* erwähnt wird, sowohl in der griechischen als auch in der hebräischen Sprache. Was ich fand, begeisterte mich.

Dieses Buch ist das Ergebnis von tausenden Stunden des Studiums und Forschens und ich bin absolut davon überzeugt, dass dein Leben nie wieder dasselbe sein wird, wenn du die darin enthaltenen Wahrheiten zusammen mit den zur Verfügung gestellten Meditationsübungen fleißig anwendest. Man kann das Buch natürlich auch einzeln erwerben. Um jedoch in den vollen Genuss all dessen zu kommen, was ich durch viel Gebet, Studium, Investition von Zeit und Geld, durch Forschung und die Teilnahme an Studienkursen über das Herz gelernt habe, ermutige ich dich, die Meditationsaudios ebenfalls zu kaufen. Sie wurden speziell für dieses Projekt aufgenommen und sind das Ergebnis all dieser Jahre des Studiums.

Die Audio-Meditationsübungen wurden im Gebet zusammengestellt und haben das Potenzial, dein Herz so stark zu verändern, dass du danach nicht mehr dieselbe Person sein wirst. Sie sind nicht nur biblisch fundiert, sondern es ist erwiesen, dass sie funktionieren. Ich habe viele Zeugnisse erhalten von Menschen, deren Leben verwandelt wurde. Menschen, die über ihre kühnsten Vorstellungen hinauswuchsen und florierten. Andere erlebten Heilungswunder, und Frauen, die keine Kinder bekommen konnten, wurden schwanger.

Vielleicht fragst du dich, warum ich dieses Buch mit 21 Kapiteln und 21 Meditationsübungen herausgebracht habe. Den wissenschaftlichen Beweisen zufolge verändert sich dein Herz, wenn du 21 Tage hintereinander konsequent daran arbeitest. Das Wichtigste dabei ist Engagement und Beständigkeit. Ich ermutige dich, dieses Buch anders zu lesen als andere Lektüren. Lies ein Kapitel pro Tag und nimm dir anschließend zweimal am Tag Zeit für die Meditationsübungen, einmal morgens und einmal abends. Vertrau mir, es lohnt sich und es funktioniert.

Nach reiflicher Überlegung habe ich beschlossen, einige Dinge in diesem Buch wiederholt zu erwähnen; nämlich die Wahrheiten, die immer wieder betont werden müssen, damit sie wirklich in deinem Herzen Wurzeln schlagen können. Paulus sagte den Philippern: „*Euch immer wieder dasselbe zu schreiben, ist mir nicht lästig; euch aber macht es gewiss.*“ (Phil. 3,1b) Weil ich einer Meinung mit ihm bin, werde ich es hier ebenso handhaben. Dieses Buch verfolgt einen doppelten Zweck. Erstens soll es dir helfen, dein eigenes Herz zu verstehen und dich lehren, wie du in ein Leben in Fülle hineinkommen kannst. Zweitens soll es dich in die Lage versetzen, die Meditationen zusammen mit dem Buch zu nutzen, um dein Herz neu zu programmieren und das Leben in vollen Zügen zu genießen.

Ich kann dieses Buch auf keinen Fall herausgeben, ohne meine tiefe Dankbarkeit gegenüber Debi zum Ausdruck zu bringen. Wenn es veröffentlicht wird, hat sie 35 Jahre lang als meine Frau an meiner Seite gestanden. Ohne sie wäre es mit Sicherheit niemals verfasst worden. Sie hat mich nicht nur immer wieder ermutigt, das Buch zu schreiben, sondern auch das Manuskript wurde treu und liebevoll von ihr getippt. Sie hat es überarbeitet und mir geholfen, das tiefe Anliegen meines Herzens, das ich dir so gerne weitergeben möchte, gut auszudrücken, damit du es verstehen und in die Praxis umsetzen kannst. Ich bin einer solchen besten Freundin sehr dankbar.

Am Ende jedes Kapitels habe ich ein Bekenntnis angefügt. Es steht dir frei, dieses Bekenntnis zu nutzen und es für dich persönlich anzupassen. Wenn du das tust, ermutige ich dich, es von ganzem Herzen zu tun und nicht nur als leichtfertige religiöse Übung aufzusagen.

Ich vertraue darauf, dass dieses Buch dein Leben revolutionieren wird, so kraftvoll, dass es Jesus Ehre bringt und du all die guten Dinge Gottes genießen kannst, die dir durch das vollbrachte Werk am Kreuz gehören.

Das separat (unter https://reinhardhirtler.com/herz.html) erhältliche Herz-Veränderungs-Set enthält eine Audio-Einführung und 21 Audio-Meditationen. Sie sind neben diesem Buch ein ausgezeichnetes Hilfsmittel, dein Herz zu verändern. Zum Zubehör der Meditationen gehört ein Tagebuch (PDF), in dem du deine Veränderungen und Fortschritte festhalten kannst.

Kapitel 1

Die Wahrheit über das Herz

Ich glaube, das Herz wurde im Laufe der Jahrhunderte von fast allen Menschen missverstanden. Die Menschen denken, das Gehirn übt das Kommando über unseren Körper aus. Durch das Studium der Bibel und der Wissenschaft bin ich zu der Überzeugung gelangt, dass in Wirklichkeit das Herz die Kontrolle hat. Ich nenne das Herz gerne den Oberbefehlshaber deines Lebens. Interessanterweise habe ich keinen einzigen Bibelvers gefunden, der sich auf das Gehirn bezieht, aber 854 Stellen über das Herz. Deshalb müssen wir uns die folgende Frage stellen: *„Weshalb haben wir dem Gehirn mehr Bedeutung beigemessen als dem Herzen?"* Haben wir die Weisheit der Welt über die Weisheit Gottes gestellt?

Die alten Ägypter machten das Herz – und nicht das Gehirn – zum Zentrum unseres Seins. Im vierten Jahrhundert vor Christus bezeichnete der griechische Philosoph Aristoteles das Herz als wichtigstes Organ des Körpers. Bei seinen Beobachtungen von Hühner-Embryonen fand er heraus, dass das Herz sich als erstes Organ bildet. Er nannte es *„der Ursprung von Intelligenz und Empfindung"*. Viele glauben, dass das Gehirn dem Herzen Befehle gibt, und diese sorgen dann für dessen Funktionsfähigkeit. Heute gibt es jedoch wissenschaftliche Beweise, die zeigen, dass sich das Herz als erstes Organ bildet und selbstständig funktioniert, ohne irgendwelche Impulse vom Gehirn. Es besteht eine ständige Zwei-Wege-Kommunikation zwischen Herz und Gehirn. Allerdings sendet das Herz mehr Informationen an das Gehirn als das Gehirn ans Herz.

Erst im 17. Jahrhundert entdeckte der englische Arzt William Harvey das Herz als eine Pumpe, die das Blut zirkulieren lässt. Ich möchte ihn hier zitieren: „*Denn das Konzept eines Blutkreislaufs macht die traditionelle Medizin nicht zunichte, sondern bringt sie vielmehr voran.*" Im späten 12. Jahrhundert stellte Meister Nikolaus treffend fest, das Herz sei das wichtigste *"geistige Glied"* des Körpers und als solches der Ursprung aller Emotionen. Ich stimme völlig mit ihm überein. Da ich diesem Thema endlose Stunden des Studiums, Forschens und Gebets gewidmet habe, kam ich zu dem Schluss, dass die Bibel dem ebenfalls zustimmt.

Eine meiner Lieblingsstellen im Zusammenhang mit dem Herzen steht im Buch der Sprüche.

> **Sprüche 4,23:** Mehr als alles andere behüte dein Herz; denn von ihm geht das Leben aus.

Da dieser Bibelvers wahr ist, können wir sagen, die Quelle von allem entspringt aus unserem Herzen. Wenn einige unserer Handlungen zu negativen Konsequenzen führen, versuchen wir in der Regel, unsere Taten zu ändern, doch das ist der falsche Weg. Weil all unser Handeln den Überzeugungen unseres Herzens entspringt, müssen wir vielmehr unser Herz verändern. Lasst uns Sprüche 4,23 nach seiner ursprünglichen Bedeutung definieren. Das Wort *behüten* bedeutet *kontrollieren* oder *bewachen; aufpassen, was hinein- und herauskommt.* Das Wort *Herz* steht für *unser Inneres, aus dem unsere Entscheidungen kommen; der Ursprung unserer Sehnsüchte und Begierden. Mehr als alles andere* bedeutet, *wie ein Gefängnis zu bewachen. Von ihm ausgehen* meint eine *ausgehende Quelle.* Und *Leben* steht einfach für *unser Leben.* Wenn wir diesen Vers in unseren eigenen, leichter verständlichen Worten wiedergeben, könnte man sagen: „*Weil die Quelle allen Lebens aus unserem Herzen fließt, müssen wir es sorgfältig bewachen, wie ein Hochsicherheits-Gefängnis.*" Dein Herzensglaube bestimmt, was du in deinem Alltag erlebst. Wie viel du vom vollbrachten Werk des Kreuzes erfährst, hat nichts mit Gott zu tun, sondern vielmehr mit deinem eigenen Herzen. Ich sage immer wieder gerne: „*Du wirst immer das bekommen, was dein Herz glaubt.*"

DIE WISSENSCHAFT DES HERZENS

Neue Forschungen zeigen, dass das menschliche Herz viel mehr als eine effiziente Pumpe ist, die das Leben aufrechterhält. Sie legen nahe, es sei ebenfalls ein Zugangspunkt zu einer Quelle der Weisheit und Intelligenz, die wir nutzen können, um ein Leben in erhöhter

> Ausgeglichenheit, Kreativität und intuitiver Fähigkeit zu führen. All das ist wichtig, um unsere persönliche Effektivität zu steigern, unsere Gesundheit und unsere Beziehungen zu verbessern und echte Erfüllung zu erlangen.
>
> (https://www.heartmath.org/research/science-of-the-heart/; übersetzt aus dem Englischen)

Ich habe mich entschieden, im Folgenden wichtige Teile eines Artikels mit dem Titel „*The Heart's Electromagnetic Field Is Your Superpower*" (Das elektromagnetische Feld des Herzens ist deine Superkraft) zu übernehmen. Er stammt vom berühmten Heart Math Institute, an dem ich in den letzten 15 Jahren sehr viel gelernt habe.

> Das Herz ist dafür verantwortlich, Blut in den gesamten Kreislauf zu pumpen, damit Organe, Gewebe und Zellen Nährstoffe und Sauerstoff erhalten und Abfallstoffe wie Kohlendioxid ausgeschieden werden. Forschungen beweisen, dass die Komplexität des Herzens der des Gehirns in nichts nachsteht, wobei das Herz als "*das kleine Gehirn*" bezeichnet wird. Das Herz-Gehirn sendet in der Tat mehr Mitteilungen an das *Kopf-Gehirn* als andersherum.
>
> Das Herz schlägt bereits, bevor sich das Gehirn bildet. Wenn das Gehirn tot ist, arbeitet das Herz noch so lange weiter, wie es Sauerstoff erhält. Genau genommen

besitzt das Herz 40.000 Neuronen sowie die Fähigkeit, zu verarbeiten, zu lernen und sich zu erinnern. Es hat zudem seine eigenen Emotionen. Dank der Neurokardiologie erfahren wir immer mehr über die intuitive Natur des Herzens und wie wir diese Erkenntnisse auf unsere Beziehung zu uns selbst und zu anderen anwenden können.

Forschungsleiter Dr. Rollin McCraty erklärt: „Kohärenz ist der Zustand, in dem Herz, Verstand und Emotionen energetisch aufeinander abgestimmt sind und zusammenarbeiten. Dieser Zustand baut Resilienz auf." Wenn der Parasympathikus und der Sympathikus durch Emotionen wie Wut, Angst oder Frustration aus dem Gleichgewicht geraten, entsteht ein unregelmäßiger Herzrhythmus, also ein inkohärenter Zustand. Dieser Input wird vom Gehirn empfangen und er beeinflusst, ob auf höhere kognitive Funktionen zur Selbstregulierung zugegriffen werden kann.

Positive Emotionen wie Mitgefühl und Liebe erzeugen eine harmonische Struktur im Herzrhythmus, wodurch Kohärenz und eine verbesserte emotionale Regulierung entstehen. Wenn ein ausgewogenes Zusammenspiel zwischen den Körpersystemen besteht, spricht man von physiologischer Kohärenz. Nimmt diese zu, steigt auch die Alpha-Aktivität des

Gehirns, welche den Stressabbau und die Kreativität begünstigt. Dieser ruhigere und dennoch konzentrierte Zustand fördert:

- das Lernen
- das Treffen besserer Entscheidungen
- eine erweiterte Perspektive von Optionen

Es gibt viele gute Gründe, warum wir die Harmonie unseres Herzens steigern sollten. Mit einer elektrischen Komponente, die etwa 60-mal größer als die des Gehirns ist, und einem elektromagnetischen Energiefeld, das 5000-mal größer als das des Gehirns ist, hat das Herz einen maßgeblichen Einfluss auf den gesamten Körper bis hinunter auf Zellebene.

Weitere Vorteile der Herz-Hirn-Kohärenz sind:

- Reduzierung von Stress
- Anpassungsfähigkeit an Veränderungen
- psychosoziales Wohlbefinden
- höhere kognitive Leistungsfähigkeit
- verbesserte Leistung
- Resilienz/ Problemlösungskompetenz
- mentale Klarheit/emotionale Stabilität
- Zugang zu Intuition und Kreativität
- regenerative Prozesse/Anti-Aging

Ist es für das Herz zur "*Norm*" geworden, chronischen Stress oder Ärger zu empfinden, dann ist es auch daran gewöhnt, dies dem Gehirn zu kommunizieren. Das Gehirn wiederum löst Körperreaktionen in Form von Stresshormonen, verengten Gefäßen, erhöhtem Blutdruck und wiederholten Entzündungen aus und lässt das Herz somit härter arbeiten. Indem das Herz ständigem emotionalen Stress ausgesetzt ist, wird das Gleichgewicht des Körpers gestört, was zu körperlichen Krankheiten führen kann.

Die von vielen gemachte Aussage "*Glück ist eine Entscheidung*" gilt gleichermaßen auch für nachhaltige Freude. Durch ein zunehmendes Bewusstsein dessen, was wir der Kommandozentrale "*füttern*", können wir gezielt auf die Dinge achten, die wir hineinlassen, denen wir erlauben, sich im Rest des Körpers auszubreiten und sogar darauf, zu welchen Gefühlen wir andere anregen, die sich in unserer Nähe befinden.

Wie bei jeder neuen Übung ist Wiederholung der Schlüssel, um sowohl das Gehirn als auch das Herz damit vertraut zu machen. Die Durchführung von Herzübungen unmittelbar vor dem Schlafengehen kann zu einem tiefen und erholsamen Schlaf führen, denn dadurch wird Unruhe beseitigt. Überlege dir gezielt deine letzten Gedanken vor dem

Einschlafen, denn sie werden direkt in den Schlaf einfließen.

(https://www.psychologytoday.com/us/blog/building-the-habithero/202011/the-heartselectromagnetic-field-is-yoursuperpower; übersetzt aus dem Englischen)

DEIN LEBEN IST NICHT DAS ERGEBNIS DEINER ENTSCHEIDUNGEN

Ich verstehe, dass dieser Untertitel verwirrend klingen mag: Ich bin mir sicher, dir fallen Hunderte falsche Entscheidungen ein, die du getroffen hast und die dein Leben stark beeinflusst haben. Viele missbrauchte Menschen würden mir entgegenhalten, ihr Leben sei das Ergebnis von falschen Entscheidungen, die andere trafen und durch die sie großen Schaden erlitten haben. Ich glaube, mit dieser Einstellung werden lediglich die Symptome, nicht jedoch die Wurzel des Problems behandelt.

Da Gott uns sagt, dass die Quellen des Lebens aus unserem Herzen herausfließen, wissen wir, dass unsere Entscheidungen das Ergebnis dessen sind, was unser Herz glaubt.

Menschen werden sich nie von ihrer Opfermentalität lösen können, wenn sie nicht bereit sind, die Verantwortung für ihr eigenes Herz zu übernehmen. Einfach ausgedrückt ist alles, was wir heute erleben, genau das, was unser Herz gestern geglaubt hat. Dein heutiges Leben ist nicht das Ergebnis von dem, was Menschen dir angetan haben, von den Traumata, die du durchlebt hast, von deiner Erziehung oder deiner Vergangenheit, sondern vielmehr das Resultat der Überzeugungen, die auf den Tafeln deines Herzens eingraviert sind.

Mir ist bewusst, dass diese Aussage Widerstand, Schmerz oder Verwirrung hervorrufen kann. Doch keine Sorge, wenn du geduldig weiterliest, werde ich es dir im Verlauf dieses Buches verständlich erklären. Ich werde dir anhand von zwei Bibelversen zeigen, dass unsere Handlungen nicht unserem Gehirn, sondern unserem Herzen entspringen.

> **Hebräer 3,10:** Darum wurde ich zornig über jenes Geschlecht und sprach: Immer gehen sie in ihrem Herzen in die Irre, und sie haben meine Wege nicht erkannt.

> **Apostelgeschichte 5,3:** Petrus aber sprach: Ananias, warum hat der Satan dein Herz erfüllt, sodass du den Heiligen Geist belogen hast und von dem Erlös des Gutes etwas für dich auf die Seite geschafft hast?

In der ersten Bibelstelle sehen wir deutlich, dass ihr rebellisches Verhalten und ihr Unglaube nicht das eigentliche Problem darstellten. Es waren lediglich die verdorbenen Früchte eines faulen Baumes. Dieser Vers zeigt besonders deutlich, dass die Menschen in ihren Herzen bereits auf Abwege geraten waren, bevor sie mit ihren Taten vom Weg abirrten. Gott verwendet hier sehr starke

Worte, wenn er sagt, sie gingen in ihren Herzen *immer* auf Abwegen.

Da alle unsere Handlungen ihren Ursprung in unserem Herzen und nicht in unserem Verstand haben, waren ihr Ungehorsam und ihre Rebellion nichts anderes als ein verkehrtes Herz.

Der zweite Vers zeigt uns genau dieselbe Wahrheit. Noch bevor Ananias den Mund öffnete, um Petrus anzulügen, hatte er dies bereits in seinem Herzen getan. Die Bibel sagt nicht, er habe in seinem Herzen rational überlegt, wie er diese Entscheidung am besten treffen könnte. Seine Tat war die Frucht, sein Herzensglaube war die Wurzel.

DIE GEFAHR EINES VERHÄRTETEN HERZENS

Die Bibel warnt uns eindringlich vor einem verhärteten Herzen. Die Definition eines *verhärteten Herzens* gemäß der Originalsprache der Bibel lautet *Schwielen aufweisen*, so wie Füße, mit denen man ständig barfuß läuft. Niemand ist für ein verhärtetes Herz verantwortlich als einzig und allein die betreffende Person selbst.

Als ich vor Jahren in Afrika zu Gast war und in einer Bibelschule unterrichtete, ging den Frauen, während sie gerade das Mittagessen kochten, der Strom aus. Sie machten einfach ein Feuer im Hinterhof, trugen die großen Töpfe nach draußen und kochten weiter. Zur Mittagszeit wollte ich sehen, was sie kochten und – wie es meine Gewohnheit ist – ging ich hinüber, um den Deckel des Topfes anzuheben und einen Blick hineinzuwerfen. Die Frauen hinderten mich sofort daran und erlaubten mir nicht, den Topf zu berühren. Sie sagten mir, er sei zu heiß und ich würde mir mit Sicherheit die Hände verbrennen. Etwa 20 Minuten später fassten sie mit bloßen Händen die Metallgriffe des kochend heißen Topfes an, nahmen ihn ohne jeglichen Schutz für ihre Hände von der Kochstelle und trugen ihn in den Speisesaal. Erstaunt fragte ich: „*Warum kann ich den Deckel nicht hochheben, aber ihr könnt den ganzen Topf in den Speisesaal tragen?*" Diese afrikanischen Damen nahmen meine Hand, drehten sie um und zeigten mir die zarte Handfläche. Dann zeigten sie mir ihre Handflächen, die von der täglichen harten Arbeit sehr schwielig waren. Sie versicherten mir, sie würden durch die Hitze keine Schmerzen verspüren, ich allerdings schon.

Das ist ein perfektes Beispiel dafür, was es heißt, ein verhärtetes Herz zu haben. Wenn wir zulassen, dass unser Herz hart wird, befinden wir uns in großer Gefahr, Gottes Bestimmung für unser Leben niemals zu erfüllen. Schau dir die Warnung des nächsten Bibelverses an:

> **Hebräer 3,7-8:** Darum, wie der Heilige Geist spricht: „Heute, wenn ihr seine Stimme hört, so verstockt eure Herzen nicht, wie in der Auflehnung am Tag der Versuchung in der Wüste."

Diese Bibelstelle macht sehr deutlich, dass niemand für unser verhärtetes Herz verantwortlich ist als nur wir selbst. Wenn wir unser Herz ernsthaft verändern und die Fülle des Lebens Jesu in uns erfahren wollen, müssen wir jegliche Opfermentalität vehement von uns weisen. Keiner von uns ist dafür verantwortlich, was andere uns antun, sondern wir tragen alle selbst die Verantwortung für unser eigenes Herz. Wir entscheiden, ob wir den Schwierigkeiten, die wir durchleben, erlauben, unser Herz hart werden zu lassen, oder ob es dadurch gebrochen werden darf.

Viele Jahre lang war es mir ein Rätsel, wie zwei Menschen gleiche oder ähnliche Situationen erleben können und am Ende ist einer verbittert, zornig und hat ein verhärtetes Herz, wohingegen der andere ein weiches, zartes und zerbrochenes Herz hat. Nachdem ich verstanden hatte, wie das Herz funktioniert, begriff ich auch, wie es zu den jeweiligen Auswirkungen im Leben dieser Menschen kommen konnte.

Wenn die Bibel im o. g. Vers sagt: „*Verstockt eure Herzen nicht*", so ist dies im Aktiv geschrieben, was bedeutet, es handelt sich um etwas, was wir selbst tun müssen. Eine der Bedeutungen von *verstockt* ist *starrköpfig sein*. Wir selbst haben durch unsere Sturheit die Entscheidung getroffen, unser Herz hart werden zu lassen.

Der nächste Bibelvers zeigt uns einige sehr wichtige Wahrheiten über ein verhärtetes Herz.

> **Markus 3,5:** Und indem er sie ringsumher mit Zorn ansah, betrübt wegen der Verstocktheit ihres Herzens, sprach er zu dem Menschen: Strecke deine Hand aus! Und er streckte sie aus, und seine Hand wurde wieder gesund wie die andere.

Die Bibel sagt uns, dass Jesus über die Verstocktheit ihrer Herzen betrübt war. Hätten sie nicht selbst die Verantwortung für ihre verhärteten Herzen gehabt, wäre Jesus sehr ungerecht gewesen, aus diesem Grund betrübt über die Menschen zu sein. Doch Jesus hatte kein Erbarmen mit ihnen wegen ihres verhärteten Herzens, selbst wenn es von dem vielen Missbrauch herrührte, den sie in der Vergangenheit erlitten hatten. Er sagte nicht zu ihnen: „*Oh, ihr Armen. Ihr hattet eine so schreckliche Kindheit und habt so viel gelitten. Ich verstehe, wie viel ihr durchgemacht habt.*" Allein die Tatsache, dass er ihretwegen so aufgebracht war, zeigt uns, dass sie selbst die Verantwortung für ihre Herzen trugen.

In dieser Geschichte in Markus 3 sehen wir nicht nur den Unmut Jesu über verhärtete Herzen, sondern auch den Grund für seine Betrübtheit. Wenn du dir den Kontext anschaust, wirst du Folgendes erkennen: Jesus kam in die Synagoge und dort war ein Mann mit einer verdorrten Hand. Die Menschen, die um ihn herumstanden, hatten in ihrem Herzen bereits beschlossen, Jesus anzuklagen, falls er diesen Mann heilen würde. Es wäre ihnen lieber gewesen, diesen Mann weiter leiden zu lassen, statt dass Jesus ihn heilte. Für sie war es wichtiger, die religiöse Form des Sabbats zu halten, als die Heilung eines Mannes zu erleben.

Das wahre Problem war nicht die Religiosität dieser Menschen, sondern die Verhärtung ihrer Herzen. Sobald wir die Gefahr eines harten Herzens verstehen, müssen wir immer wieder ausrufen: „*Herr, brich mein Herz für das, was dein Herz bricht.*" Verhärtete Herzen verhindern die

Freisetzung der wunderwirkenden Kraft Gottes. Genau das hatten diese Menschen versucht.

Vor vielen Jahren betete ich ein wunderbares, aber gefährliches Gebet. Ich sagte: „*Herr, bitte brich mein Herz für alles das, was dein Herz bricht.*“ Ich erinnere mich an kein einziges Gebet, das ich je gebetet habe, das einen größeren Einfluss auf mein Leben gehabt hätte als dieses.

Im Jahr 2014 reisten Debi und ich nach São Luís, im Bundesstaat Maranhão. Was ich dort hörte und sah, brach mir so sehr das Herz, dass ich die nächsten vier Monate damit verbrachte, stundenlang zu weinen. Es gab viele Nächte, in denen ich durch mein eigenes Weinen um diese Kinder, die ich dort gesehen hatte, wach wurde. Kinder, die sich aus Mangel an Nahrung prostituierten. Familien, die zu zehnt in einer dreckigen Hütte von zehn Quadratmetern lebten. Es waren tragische und herzzerreißende Situationen.

Im selben Zeitraum reiste ich auch nach Europa, um zu predigen. Dort fragte mich eine enge Freundin, die eine bekannte ausgebildete christliche Seelsorgerin ist, was wir in Brasilien machen. Als ich anfing, ihr von den Kindern zu erzählen, die ich gesehen hatte, begann ich unkontrolliert zu schluchzen. Die Seelsorgerin schaute mir in die Augen und gab mir den Rat, mein Herz zu schützen und es vor diesem Schmerz zu verschließen. Sie sagte mir, wenn ich das nicht täte, würde mich der Schmerz derart zerstören, dass ich nicht mehr in der Lage wäre zu funktionieren.

In diesem Moment hörte ich das Flüstern von Jesus in meinem Herzen. Er sagte: „Du kannst dein eigenes Herz vor diesem tiefen Schmerz schützen, wenn du dich dafür entscheidest, aber dann wirst du wie all die anderen sein, die die Not gesehen und ihre Herzen geschützt haben. Sie kennen das Problem und tun nichts dagegen. Oder du kannst dich entscheiden, ein zerbrochenes und verletzliches Herz zu haben, damit ich dich gebrauchen kann, um diese Zustände zu verändern.“ Ich schaute meiner Freundin in die Augen und sagte: „Ich danke dir für deinen Rat, aber ich werde mein Herz nicht verhärten. Mir ist dieser tiefe Schmerz, der mich umbringt, lieber, als dass ich diese Kinder nicht rette.“ Heute, einige Jahre später, ist *Brazilian Kids Kare* eine Organisation, die Gott auf wunderbare Weise benutzt, um das Leben vieler Kinder zu verändern.

BEKENNTNIS

Vater im Himmel, ich danke dir, dass du mich so wunderbar und perfekt geschaffen hast. Du hast mir ein kraftvolles Herz gegeben. Ich sehne mich danach, dich mit meinem ganzen Herzen zu verherrlichen.

KAPITEL 2

DAS WICHTIGSTE GLEICHNIS

Bevor wir zu dem Gleichnis kommen, das wichtiger ist als alle anderen Gleichnisse, muss ich über einen anderen Aspekt des Herzens sprechen.

GOTT IST EIN HERZENSGOTT

> **Markus 7,6:** Er aber antwortete und sprach zu ihnen: Trefflich hat Jesaja von euch Heuchlern geweissagt, wie geschrieben steht: »Dieses Volk ehrt mich mit den Lippen, *doch ihr Herz ist fern von mir.*« (Hervorhebung durch den Autor)

Viele Menschen denken an Gott nur als Geistwesen. Natürlich, Gott ist Geist. Aber wir müssen auch verstehen, dass Gott ein Gott des Herzens ist. In dem obigen Vers sehen wir, wie sehr es Gott missfiel, dass die Menschen ihn nur mit ihren Worten ehrten, denn die Worte ihres Mundes waren nicht in Einklang mit ihren Herzen. Da Gott mit uns von Herz zu Herz in Beziehung treten möchte, müssen wir *lernen*, das Folgende zu tun:

> **Apostelgeschichte 13,22:** Und nachdem er ihn abgesetzt hatte, erweckte er ihnen David zum König, von dem er auch Zeugnis gab und sprach: »Ich habe David gefunden, den Sohn des Isai, einen Mann nach meinem Herzen, der allen meinen Willen tun wird«.

In diesem Vers sehen wir, dass Gott ein Herz hat. Mir ist klar, dass wir mit Gott von Geist zu Geist in Beziehung treten. Sobald wir jedoch verstehen, was das Herz tatsächlich ist und wie es funktioniert, wird uns auch bewusst werden, wie wichtig es ist, uns von Herz zu Herz mit Gott zu verbinden.

Das Herz ist der Ort, an dem sich unsere Gedanken und Gefühle zu einer Einheit verbinden. Mit Gott aus unserem Geist heraus in Beziehung zu treten ist wichtig, doch bei dieser Verbindung sind keine Gedanken oder Gefühle im Spiel. Für mich ist es wunderbar spannend, dass Gott Gedanken und Emotionen zum Ausdruck brachte, als er an David dachte und sagte, er sei ein Mann nach seinem Herzen.

Die meisten Christen kennen **Matthäus 22,37**.

> Und Jesus sprach zu ihm: »Du sollst den Herrn, deinen Gott, lieben mit deinem ganzen Herzen und mit deiner ganzen Seele und mit deinem ganzen Denken«.

Warum sagt die Bibel nicht, wir sollen Gott aus unserem Geist heraus lieben?

Unser Geist und Gott sind bereits in vollkommener Einheit, worauf ich später in diesem Buch noch ausführlich eingehen werde. Gott möchte, dass wir von ganzem Herzen lieben, weil er ebenfalls ein Herz hat. Wir können Gott nicht wirklich kennen und verstehen, wenn wir ihn nicht in Jesus sehen, dem Wort, das Fleisch wurde. Während seines ganzen Lebens auf der Erde hat Jesus ständig sein Herz zum Ausdruck gebracht. Gott wünscht sich nicht nur, dass wir ihn von Herzen lieben, sondern er möchte, dass wir ihn von *ganzem* Herzen lieben. Ein geteiltes Herz missfällt Gott sehr, denn er ist ein Gott des Herzens und tritt mit uns von seinem Herzen zu unserem Herzen in Beziehung.

DAS SCHLÜSSELGLEICHNIS

Eines der Gleichnisse ist nach meinem Verständnis wichtiger als alle anderen. Lasst uns das ganze Gleichnis und die Worte Jesu lesen.

> **Markus 4.3-8:** Hört zu! Siehe, der Sämann ging aus, um zu säen. Und es geschah, als er säte, dass etliches an den Weg fiel; und die Vögel des Himmels kamen und fraßen es auf. Anderes aber fiel auf den felsigen Boden, wo es nicht viel Erde hatte; und es ging sogleich auf, weil es keine tiefe Erde hatte. Als aber die Sonne aufging, wurde es verbrannt; und weil es keine Wurzel hatte, verdorrte es. Und anderes fiel unter die Dornen; und die Dornen wuchsen auf und erstickten es, und es brachte keine Frucht. Und anderes fiel auf das gute Erdreich und brachte Frucht, die aufwuchs und zunahm; und etliches trug dreißigfältig, etliches sechzigfältig und etliches hundertfältig.

> **Markus 4,14-20:** Der Sämann sät das Wort. Die am Weg aber sind die, bei denen das Wort gesät wird, und wenn sie es gehört haben, kommt sogleich der Satan und nimmt das Wort weg, das in ihre Herzen gesät worden ist. Und gleicherweise, wo auf steinigen Boden gesät wurde, das sind die, welche das Wort, wenn sie es hören, sogleich mit Freuden aufnehmen;

> aber sie haben keine Wurzel in sich, sondern sind wetterwendisch. Später, wenn Bedrängnis oder Verfolgung entsteht um des Wortes willen, nehmen sie sogleich Anstoß. Und die, bei denen unter die Dornen gesät wurde, das sind solche, die das Wort hören, aber die Sorgen dieser Weltzeit und der Betrug des Reichtums und die Begierden nach anderen Dingen dringen ein und ersticken das Wort, und es wird unfruchtbar. Und die, bei denen auf das gute Erdreich gesät wurde, das sind solche, die das Wort hören und es aufnehmen und Frucht bringen, der eine dreißigfältig, der andere sechzigfältig, der dritte hundertfältig.

Viele nennen dies *„Das Gleichnis vom Sämann"*, doch ich persönlich mag diesen Titel nicht. Natürlich hat Jesus diesem Gleichnis nie eine Überschrift gegeben, sie wurde erst vor einigen hundert Jahren durch Menschen hinzugefügt. Ich nenne es lieber *„Das Gleichnis vom Herzen"*. Schau dir an, was Jesus in **Markus 4,13** sagt:

> Und er spricht zu ihnen: Wenn ihr dieses Gleichnis nicht versteht, wie wollt ihr dann alle Gleichnisse verstehen?

Aus dieser Äußerung können wir schließen, dass der einzige Weg, um irgendeins der Gleichnisse deuten und verstehen zu können, darin besteht, zunächst dieses Gleichnis zu entschlüsseln. Jedes Gleichnis hat verschiedene Bestandteile, die wir deuten müssen. In diesem Fall sind es drei, nämlich der Sämann, die Samenkörner und der Boden. Der Sämann ist offensichtlich nicht der Schlüssel zu diesem Gleichnis. Wenn du ausgezeichnetes Saatgut und einen perfekten, fruchtbaren Boden hast, brauchst du keinen guten Landwirt, um die Saat auszusäen. Ich kann jedem Kind eine Handvoll Samenkörner geben und ihm sagen, es soll diese auf einem bestimmten Feld auf die Erde werfen. Wenn der Boden gut vorbereitet und fruchtbar, und das Saatgut perfekt ist, wird es heranwachsen.

Lass uns nun die Samenkörner betrachten. In diesem Gleichnis, welches Jesus selbst anschließend erklärte, sagte er, dass der Same das Wort Gottes ist. Wie wir wissen, hat das Wort Gottes schöpferische Kraft. Deshalb ist der Same in diesem Fall vollkommen fruchtbar. Weder der Sämann noch das Saatgut sind der Schlüssel, um dieses Gleichnis zu verstehen. Es bleibt also nur noch der Boden übrig. Da keins der beiden zuvor genannten Elemente der Schlüssel ist, kann es nur um das Ackerfeld gehen. Jetzt müssen wir die alles entscheidende Frage stellen: „*Was symbolisiert der Acker*?" Jesus selbst gab uns die Antwort.

> **Matthäus 13,19:** Sooft jemand das Wort vom Reich hört und nicht versteht, kommt der Böse und raubt das, was *in sein Herz* gesät ist. Das ist der, bei dem es an den Weg gestreut war. (Hervorhebung durch den Autor)

In diesem Gleichnis haben wir dasselbe Saatgut, denselben Sämann, aber vier verschiedene Herzenszustände. In drei dieser Herzen brachte das Wort Gottes keine Frucht, wohingegen es in einem der Herzen Frucht hervorbrachte. Dieses Gleichnis passt perfekt zu dem, was ich in all meinen Studien, sowohl in der Bibel als auch in der Wissenschaft, über das menschliche Herz lernte.

Darf ich dich mit einer schockierenden Wahrheit konfrontieren? Unsere Herzen sind so kraftvoll, dass sie sogar das Wort Gottes unwirksam machen können. Diese Wahrheit sollte uns aufrütteln und aufwecken. Wie viele Menschen haben der falschen Annahme geglaubt, dass sie großartige Christen werden, wenn sie nur genug Bibelverse auswendig lernen? Tatsächlich ist genau das Gegenteil der Fall. Ich sprach persönlich mit vielen Menschen, die mehr Bibelverse auswendig gelernt hatten als die meisten Christen, selbst jedoch überhaupt keine Beziehung zu Gott haben. Sogar mit unzähligen Zeugen Jehovas saß ich zusammen. Sie kannten die Bibel besser als mancher, der bereits Jahrzehnte lang Christ ist, aber dennoch haben diese Zeugen Jehovas nie das Leben Gottes erfahren.

Vor mehr als 40 Jahren wurde im deutschsprachigen Teil Europas, in dem ich aufwuchs, die sogenannte Glaubensbewegung aktiv. Obwohl Gott sie benutzte, um viele verloren gegangene Wahrheiten in der Gemeinde wiederherzustellen, führte die Art und Weise, wie sie das Wort Gottes anwandten, bei vielen Menschen zu Schmerz und Verwirrung. Die Menschen lernten den ganzen Tag lang Bibelverse auswendig und wiederholten sie, in der Hoffnung, das zu erleben, was sie einstudierten. Ich habe das nie gemocht oder mich dabei wohlgefühlt. Ich erinnere mich, wie Menschen, die Heilung brauchten, den ganzen Tag lang deklarierten, sie seien durch seine Striemen geheilt worden, aber sie empfingen ihre Heilung nie.

Das Gleichnis vom Herzen verdeutlicht uns, dass sogar das Wort Gottes wirkungslos wird, wenn der Zustand unseres Herzens nicht stimmt. Auf keinen Fall sollst du denken, dass ich glaube, es sei nutzlos, sich das Wort Gottes zu merken. Ich habe mir selbst die Mühe gemacht, Tausende von Bibelversen auswendig zu lernen. Ich versuche dir vielmehr bewusst zu machen, dass sogar das Wort Gottes in deinem Leben wirkungslos sein wird, solange in deinem Herz nicht die richtigen Voraussetzungen gegeben sind.

Erlaube mir, dies anhand eines Beispiels zu verdeutlichen, das ich schon oft erlebt habe. Als ich anfing, den Neuen Bund, also das vollbrachte Werk des Kreuzes, zu lehren, waren viele Menschen davon begeistert. Da sie die Bedeutung des Herzens nicht verstanden hatten, dachten sie, es wäre ausreichend, einfach zu proklamieren, dass wir mit jeder geistlichen Segnung in Christus Jesus gesegnet sind (vgl. Epheser 1,6). Sie hatten gehört, wie ich sagte, dass ich dies jeden Tag bekenne. Auch wenn ich das tatsächlich täglich bekannte, um mein Herz davon zu überzeugen, war es bei ihnen nur eine leere religiöse Übung. Sie kannten sämtliche Bibelverse mit all den Segnungen, die uns im Neuen Bund bereits gehören, doch in ihrem Herzen sahen sie sich immer noch in Armut und Niederlage leben. Deshalb brachte das Wort Gottes bei ihnen keine Frucht.

WICHTIGE LEKTIONEN AUS DEM GLEICHNIS VOM HERZEN

In diesem Gleichnis sehe ich drei sehr wichtige Lektionen, die wir lernen sollten.

Erste Lektion: Das Wort Gottes muss durch deine natürlichen Sinne in dein Herz hineinkommen. Jesus machte sehr deutlich, dass die Menschen das Wort Gottes *hörten*. Interessanterweise sagt er uns, das Wort sei in ihre Herzen gekommen. Jedoch wurde es nicht von Gott auf übernatürliche Weise durch Offenbarung dort hineingelegt.

Eines der Eingangstore zu unserem Herzen führt über unsere natürlichen Sinne. Deshalb ist es äußerst wichtig, das Wort Gottes zu hören (Ohren) und zu lesen (Augen). Ich liebe es, wenn die Wahrheiten des Wortes Gottes für mich zu einer Offenbarung werden, und ich betrachte mich persönlich als sehr gesegnet, weil ich viele wunderbare, vom Heiligen Geist gewirkte Erlebnisse und übernatürliche Begegnungen mit Gott hatte. Doch die meisten Offenbarungen hatte ich in den 54 Jahren (bei Verfassung dieses Buches), seit ich mit Jesus unterwegs bin, als ich das Wort Gottes hörte, las und studierte.

Die zweite Lektion: Sie besteht darin, dass das Wort Gottes wieder aus unserem Herzen geraubt werden kann, wenn wir es ungenutzt lassen.

> **Markus 4,15:** Die am Weg aber sind die, bei denen das Wort gesät wird, und wenn sie es gehört haben, kommt sogleich der Satan und nimmt das Wort weg, das in ihre Herzen gesät worden ist.

Es ist interessant zu sehen, dass das Wort Gottes bereits in ihren Herzen war, denn Jesus sagte, der Böse sei gekommen und hätte es *aus* ihren Herzen gestohlen. Nach meinem Verständnis hat der Teufel keinerlei Autorität, uns zu bestehlen. Warum hat Jesus dann gesagt, er würde das Wort Gottes aus ihrem Herzen rauben?

Sobald wir verstehen, dass unser Herz der Schlüssel zu allem ist, sogar zur Fruchtbarkeit des Wortes, werden wir lernen, unser Herz sorgfältig zu schützen. Das Wort Gottes, dass all deine Krankheit am Kreuz getragen wurde (vgl. Jesaja 53,5), kann in dein Herz hinein gesät worden sein. Weil dem Teufel das gar nicht gefällt, wird er alles daransetzen, dich mit Lügen und Täuschung zu überhäufen. Vielleicht verspürst du Symptome, und sofort kommen Gedanken in dein Herz: „*Hätte Jesus deine Krankheit getragen, würdest du diese Schmerzen jetzt nicht spüren.*“ Wenn du nicht sofort etwas gegen diese Lüge unternimmst, erlaubst du Satan, dir die Wahrheit zu rauben.

Oftmals benutzt der Teufel andere Menschen, um uns Lügen aufzutischen und das Wort Gottes aus unseren Herzen zu stehlen. Diese Menschen können Ärzte, Freunde, Verwandte oder sogar Pastoren sein. Ich würde nie wagen, zu behaupten, diese Menschen ließen sich bewusst vom Teufel benutzen oder sie hegten böse Absichten. Viele der Menschen, für die ich um Heilung betete, glaubten die *Lüge* der Ärzte, dass sie unheilbar krank seien, und ließen zu, dass das Wort Gottes aus ihren Herzen gestohlen wurde.

Dritte Lektion: Die Verantwortung für den Zustand unseres Herzes liegt bei uns selbst.

Es ist immer unsere Entscheidung, ob wir den Sorgen dieser Welt erlauben, unser Herz zu verwirren, oder ob wir dem Feind gestatten, die Saat aus unserem Herzen zu rauben.

Sprüche 4,23 ist meiner Meinung nach einer der am meisten ignorierten Bibelverse über das Herz. Darin werden wir warnend aufgefordert, unser Herz wie ein Hochsicherheitsgefängnis zu bewachen. Jedes Mal, wenn wir

Worte in unser Herz lassen, die der Wahrheit des Wortes Gottes widersprechen, haben wir nicht auf unser Herz aufgepasst.

Ich habe gerade eine sehr traurige Geschichte gehört. Eine junge Frau, die unter schrecklichen Panikattacken litt, suchte Hilfe bei einem geistlichen Leiter. Dieser Mann sagte ihr, sie habe dem Teufel eine Tür geöffnet und würde deshalb so sehr leiden. Nachdem er für die junge Frau um Befreiung gebetet hatte, erklärte er ihr, dass der Teufel ihm soeben gesagt hätte, er würde mit noch schlimmeren Panikattacken kommen, sollte sie die Tür erneut öffnen. Dieses Mädchen ließ zu, dass die Wahrheit des Wortes Gottes aus ihrem Herzen geraubt wurde. Gott sei Dank wandte sie sich schließlich an ein reifes Gemeindemitglied, das ihr die Augen für die Wahrheit öffnete.

BEKENNTNIS

Jesus, danke für dieses Gleichnis. Ich verstehe, wie tief deine Liebe zu mir ist, denn du hast dir die Zeit genommen mir zu zeigen, wie wichtig das Herz ist. Ich werde den Boden meines Herzens sorgfältig behüten, um deinem Herzen zu gefallen und viel Frucht für dich zu bringen.

KAPITEL 3

DAS HERZ VERSTEHEN

Es ist erstaunlich, dass Wissenschaftler herausgefunden und nachgewiesen haben, wie alles, was in der Bibel über das Herz gesagt wird, tatsächlich auf das physische Herz zutrifft. Es ist verblüffend, wie viele Beweise es bereits diesbezüglich gibt! Das Herz ist nicht nur ein Muskel, der Blut pumpt, sondern besitzt auch die Fähigkeit zu denken! Wenn wir uns anschauen, was die Bibel über unser Herz sagt und was heutzutage wissenschaftlich nachweisbar ist, wird deutlich, dass beides übereinstimmt. Es begeisterte mich zu entdecken, wie Gott schon vor Tausenden von Jahren Dinge in die Bibel geschrieben hat, die wir bis vor kurzem noch gar nicht verstanden.

Unser Herz ist nicht unser Geist. Sowohl im Hebräischen als auch im Griechischen verwendet die Bibel unterschiedliche Wörter für Geist und Herz. Schon allein deshalb können wir sicher sein, dass es sich um zwei verschiedene Bereiche handelt. Ferner ist das Herz nicht deine Seele, denn auch hier werden im Urtext der Bibel verschiedene Begriffe für Seele und Herz verwendet. Als du gerettet wurdest, so sagt die Bibel, bist du ein völlig neuer Mensch geworden. Paulus schreibt im zweiten Korintherbrief: „*Ist jemand in Christus, so ist er eine neue Schöpfung; das Alte ist vergangen; siehe, es ist alles neu geworden!*“

(2.Kor. 5,17) Natürlich wurden weder unser Körper noch unsere Seele in diesem Moment völlig neu, ansonsten wären wir körperlich ein komplett anderer Mensch geworden.

Paulus sagte den Korinthern auch: „*Wer aber dem Herrn anhängt, ist ein Geist mit ihm.*" (1.Kor. 6,17) Durch den Glauben an das vollbrachte Werk am Kreuz haben wir einen brandneuen Geist empfangen. Dieser Geist ist vollkommen und muss nicht mit dem Wort Gottes gefüttert werden, um zu wachsen. (Man kann sich den neuen Geist als eine innere Person vorstellen.) Meiner Erfahrung nach haben Menschen oft eine seltsame Theologie, weil sie das Herz nicht verstehen.

Ich habe viele Predigten gehört, in denen gelehrt wurde, das Fleisch werde unser Leben beherrschen, sollten wir nicht den Geist nähren und das Fleisch aushungern. Mit Fleisch ist unsere alte sündige Natur gemeint. Ich habe aus mehreren Gründen große Schwierigkeiten mit dieser Theologie. Zum einen widerspricht sie dem vollbrachten Werk des Kreuzes. Zum anderen ignoriert sie Bibelstellen, die uns klar sagen, dass unsere sündige Natur tot ist. Des Weiteren leugnet sie die Wahrheit, dass unser Geist in Christus vollkommen ist und nichts braucht, um stärker oder besser zu werden.

Sobald wir erkennen, wie das Herz funktioniert, wird es uns leichtfallen, viele Bibelverse zu verstehen, die uns bisher ein Rätsel gewesen sind. Man könnte natürlich argumentieren, warum es dann überhaupt nötig ist, die Bibel zu lesen und zu studieren, wenn der Geist doch bereits vollkommen ist und nicht mehr vom Wort Gottes genährt werden muss. Das Wort Gottes nährt zwar nicht meinen Geist, doch es verändert grundlegend, was mein Herz glaubt. Später in diesem Buch werde ich dir die grundlegende Verbindung zwischen Geist und Herz ausführlich erläutern.

Niemals würde ich es wagen, dem Wort Gottes seine Autorität oder Kraft abzusprechen. Wie ich bereits erwähnte, ist der Einfluss des Wortes Gottes auf dein *Herz*, und nicht auf deinen *Geist*, der Schlüssel.

> **Hebräer 4,12:** Denn das Wort Gottes ist lebendig und wirksam und schärfer als jedes zweischneidige Schwert, und es dringt durch, bis es scheidet sowohl Seele als auch Geist, sowohl Mark als auch Bein, und es ist ein Richter der Gedanken und Gesinnungen des Herzens.

Im Kontext dieser bekannten Schriftstelle geht es darum, in die Ruhe Gottes einzutreten, indem wir seinem Wort glauben und gehorchen.

> **Hebräer 4,11:** Setzen wir also alles daran, an dieser Ruhe teilzuhaben, und lassen wir uns den *Ungehorsam* jener früheren Generation als warnendes Beispiel dienen, damit wir nicht wie sie zu Fall kommen! (NGÜ; Hervorhebung durch den Autor)

Hier wird der Ungehorsam des Volkes Gottes als Problem benannt. Beachte bitte, dass dieser Vers direkt vor Vers 12 steht, den wir zuvor betrachtet haben. Oft mögen wir denken, Ungehorsam sei das eigentliche Problem. Aber ich glaube, das stimmt nicht.

Ich bin ein starker Verfechter davon, immer zur Wurzel eines Problems zu gehen, anstatt sich nur oberflächlich damit zu befassen. Schau dir daher einen anderen Vers im gleichen Zusammenhang an, und du wirst bald die Wurzel von der Frucht des Ungehorsams entdecken.

> **Hebräer 4:2:** Denn auch uns ist eine Heilsbotschaft verkündigt worden, gleichwie jenen; aber das Wort der Verkündigung hat jenen nicht geholfen, weil es bei den Hörern nicht mit dem Glauben verbunden war.

Wie wundervoll und logisch die Bibel doch ist. Der gleiche Zusammenhang, in dem steht, dass sie nicht in die Ruhe Gottes eintreten konnten, weil sie ungehorsam waren, zeigt uns auch das eigentliche Problem, nämlich ein ungläubiges Herz. Es heißt, die Gute Nachricht sei ihnen gepredigt worden. Allerdings hatte sie bei ihnen keine Wirkung, weil sie diese Botschaft nicht mit Glauben verbanden. Ich bin zu der Überzeugung gelangt, dass in vielen Fällen die schlechte Frucht des Ungehorsams aus der schlechten Wurzel des Unglaubens entsteht. Da sie nicht glaubten, konnten sie nicht gehorchen und das Gelobte Land betreten.

Der Schreiber des Hebräerbriefs wendet dieses Prinzip auf uns an und sagt deutlich, dass auch wir in Gottes Ruhe eintreten sollen. Wir brauchen das kraftvolle Wort Gottes nicht, um unseren Geist zu stärken, damit wir glauben und gehorchen und in Gottes Ruhe eintreten können. Wenn wir uns an das Gleichnis vom Herzen erinnern und auch an Römer 10, wo gesagt wird, dass wir mit dem Herzen glauben, dann müssen wir zu dem Schluss kommen, dass mehr als alles andere unser Herz das Wort Gottes und den wahren Glauben braucht.

Schauen wir uns deshalb noch einmal die zu Beginn angeführte Bibelstelle an:

> **Hebräer 4,12:** Denn das Wort Gottes ist lebendig und wirksam und schärfer als jedes zweischneidige Schwert, und es dringt durch, bis es scheidet sowohl Seele als auch Geist, sowohl Mark als auch Bein, und es ist ein Richter der Gedanken und Gesinnungen des Herzens.

Hier steht nirgends, diese Menschen seien nicht in die Ruhe Gottes eingetreten, weil sie ihren Geist nicht genährt oder gestärkt hätten. Ihr Problem war vielmehr ein ungläubiges Herz, aus dem Taten des Ungehorsams resultierten. Wieder einmal sehen wir, wie sich Sprüche 4,23 erfüllt. Wenn wir unser Herz nicht behüten, werden wir falsche Entscheidungen treffen.

Der Hebräerbrief sagt uns, das Wort Gottes ist lebendig und wirksam und offenbart die Gedanken und Absichten des Herzens. Mit unserem Geist ist alles in Ordnung. Wenn wir ungehorsam und voller Unglauben sind, befindet sich die Ursache immer im Herzen. Oft wird Gottes Wort unser Herz konfrontieren und dessen wahre Motive aufzeigen.

GOTT LEBT IN DEINEM GEIST

Epheser 2,1: Auch euch hat Gott zusammen mit Christus lebendig gemacht. (NGÜ)

Hier lesen wir, wie wir lebendig gemacht wurden, die wir einst in Übertretungen und Sünden tot waren. Natürlich ist klar, dass du als Sünder weder körperlich tot warst, noch deine Seele sich in einem toten Zustand befand. Deshalb wissen wir, dass hier von einem geistlichen Tod die Rede ist. Nach meinem Verständnis ist die Seele der Sitz deines Willens, das heißt, deiner Entscheidungsfreiheit und Entscheidungsgewalt. Wir hatten schon immer die Freiheit und Fähigkeit, Entscheidungen zu treffen, also war unsere Seele schon immer lebendig.

An dieser Stelle möchte ich gern meine persönliche Sichtweise darlegen. Mir ist klar, dass wir ein dreiteiliges Wesen sind, bestehend aus Körper, Seele und Geist. Mir ist auch bewusst, dass unser Herz ein Teil unseres physischen Körpers ist. Dennoch sehe ich mich selbst gerne als ein Wesen aus vier Teilen, nämlich Körper, Seele, Geist und Herz.

DENKEN MIT DEM HERZEN

Die Vorstellung, nicht mit dem Kopf, sondern mit dem Herzen zu denken, mag dir vielleicht ein bisschen verrückt erscheinen. Doch als ich dieses Thema im Lichte der Bibel und der Wissenschaft betrachtete, gelangte ich zu der Überzeugung, dass wir tatsächlich mit dem Herzen denken.

> **Markus 7,21-23:** Denn von innen, *aus dem Herzen des Menschen, kommen die bösen Gedanken hervor,* Ehebruch, Unzucht, Mord, Diebstahl, Geiz, Bosheit, Betrug, Zügellosigkeit, Neid, Lästerung, Hochmut, Unvernunft. All dieses Böse kommt von innen heraus und verunreinigt den Menschen. (Hervorhebung durch den Autor)

Aus dieser Schriftstelle geht klar hervor, dass die Gedanken nicht aus dem Gehirn, sondern aus dem Herzen kommen. Jesus sagte den Menschen, böse Gedanken kämen aus dem Herzen, nicht aus dem Gehirn. Da Jesus niemals gelogen hat, müssen wir seinen Worten mehr glauben als jedem anderen, der sich scheinbar klug zu diesem Thema äußert.

Als der Herr mir 1992 all diese Dinge zeigte, beschloss ich, zu jener Zeit noch nicht darüber zu predigen. Die Offenbarungen, die ich erhalten hatte, passten nicht zu dem, was die meisten Menschen, einschließlich der Fachärzte, glaubten. Sie schienen mir zu weit hergeholt, um sie weiterzugeben. Heute jedoch haben Herzforscher festgestellt, dass das Herz ein eigenes Gehirn hat. Ich glaube, unser Kopf-Gehirn ist der Prozessor, der die Gedanken unseres Herzens in Worte, Ideen, Eindrücke und Konzepte umwandelt, die wir dann wiederum verstehen können.

Zusätzlich zu seinen anderen Funktionen, wie beispielsweise dem Pumpen von Blut, besitzt das Herz dieses sogenannte Herz-Gehirn, das aus etwa 40.000 Neuronen besteht. Diese Neuronen haben die Fähigkeit zu empfinden, zu fühlen, zu lernen und sogar sich zu erinnern.

Bei meinen Nachforschungen bin ich auf eine Reihe von Geschichten über Menschen mit Herztransplantationen gestoßen. Sie erhielten das Herz einer wildfremden Person und erlebten daraufhin radikale Veränderungen in ihrem eigenen Verhalten. Später stellte sich heraus, dass es sich dabei um die Verhaltensweisen des Spenders handelte.

Ein Mann erhielt das Herz eines Mannes, der sich mit einem Kopfschuss das Leben genommen hatte, und er verliebte sich daraufhin in die Frau des Spenders und heiratete sie. Etwa 13 Jahre später beendete er sein Leben auf genau dieselbe Weise wie der frühere Besitzer des Herzens.

Eine Frau, die das Herz eines Mannes bekam, begann zu zweifeln, ob sie noch in der Lage sei, wie eine Frau zu lieben.

Jemand, der sich vor seiner Transplantation nur vegan ernährte, hatte plötzlich Heißhunger auf Chicken Nuggets.

Bei einer anderen Person änderte sich plötzlich der Musikgeschmack. Statt ihrer früheren klassischen Musik mochte sie nach der Transplantation nur noch Hard-Rock.

Eine Frau konnte den Mörder ihres Spenders so genau beschreiben, dass dieser gefasst und verurteilt wurde.

Ein achtjähriges Mädchen erhielt das Herz einer 10-Jährigen, und hatte daraufhin anhaltende Albträume. Der Psychiater riet ihr, einen Spezialisten einzubeziehen, um ihr zu helfen, die Albträume zu visualisieren. Die Träume begannen in einem Wald, in dem das kleine Mädchen vor einem Mann davonlief, der sie verfolgte, bis sie stolperte und hinfiel. Das Mädchen konnte den Angriff detailliert beschreiben, ebenso das Gesicht des Angreifers. Sie war sogar in der Lage, genau die Worte zu zitieren, die der Angreifer zu dem kleinen Mädchen (also zu der früheren Besitzerin des Herzens) gesagt hatte. Daraufhin erstellte die Polizei ein so präzises Phantombild des Mannes, dass dieser gefunden und verurteilt werden konnte.

Ein 17-jähriger farbiger Schüler wurde aus einem fahrenden Fahrzeug heraus erschossen. Sein Herz erhielt ein 47-jähriger weißer Mann der Arbeiterklasse. Der Spender war ein Liebhaber und talentierter Student der klassischen Musik. Nachdem der Mann das neue Herz erhalten hatte, begann er klassische Musik zu lieben, die er zuvor gehasst hatte. Seine Frau war erstaunt, dass er plötzlich anfing, farbige Menschen so sehr zu lieben, dass er sie zu sich nach Hause einlud. Er begann sogar, klassische Lieder zu pfeifen, die er noch nie zuvor in seinem Leben gehört hatte.

Ein dreijähriges Mädchen ertrank im Pool und ihr Herz wurde einem neunjährigen Jungen transplantiert. Die Mutter dieses Jungen gab an, ihr Sohn habe nichts über den Spender gewusst. Plötzlich empfand der Junge all die Gefühle, die das kleine Mädchen kurz vor ihrem

Tod empfunden hatte, und bekam dadurch schreckliche Angst vor Wasser. Die Mutter erzählte, sie hätten in der Nähe eines Sees gewohnt und ihr Sohn habe es immer geliebt, ins Wasser zu gehen. Nach der Transplantation hatte er so große Angst vor dem Wasser, dass er anfing, die Hintertür des Hauses abzuschließen, da sie dem See am nächsten lag. Er weigerte sich, über die Gründe für seine plötzliche Angst zu sprechen.

DER ZUSAMMENHANG ZWISCHEN DEM HERZ UND SCHMERZEMPFINDEN

Wissenschaftler behaupteten, dass Schmerzen immer vom Gehirn erzeugt würden, doch das ist vielleicht nicht ganz richtig. Schmerz ist nicht nur eine Sinneswahrnehmung, sondern kann ebenfalls mit emotionalen, kognitiven und sozialen Komponenten verbunden sein. Das Herz wird zur Quelle von Emotionen, Begierde und Weisheit.

Dr. Armour entdeckte 1991, dass das Herz sein eigenes "*kleines Gehirn*" oder "*intrinsisches kardiales Nervensystem*" hat. Dieses "*Herz-Gehirn*" besteht aus etwa 40.000 Neuronen, die den Neuronen im Gehirn ähneln. Somit besitzt das Herz sein eigenes Nervensystem.

Darüber hinaus kommuniziert das Herz auf vielerlei Weise mit dem Gehirn: neurologisch, biochemisch, biophysikalisch und energetisch. Der Vagusnerv, der zu 80 % aus afferenten

> Nervenfasern besteht, leitet Informationen vom Herzen und anderen inneren Organen an das Gehirn weiter. Die Signale des "*Herz-Gehirns*" werden an das Rückenmark, den Hypothalamus, den Thalamus, die Amygdala und die Großhirnrinde weitergeleitet. Das Herz sendet also mehr Signale an das Gehirn als umgekehrt.
>
> Wie Untersuchungen gezeigt haben, wird das Schmerzempfinden mittels Nervenbahnen und anderen Wegen, die auf das Herz abzielen, reguliert, beispielsweise durch die Stimulation des Vagusnervs und Methoden zur Rückmeldung der Herzrhythmus-Kohärenz. Das Herz ist nicht nur eine Pumpe. Es besitzt sein eigenes neuronales Netzwerk bzw. "*kleines Gehirn*". Maßnahmen, die auf das Herz abzielen, modifizieren die Schmerzregionen im Gehirn. Diese Methoden scheinen die entscheidenden Veränderungen in den Gehirnregionen zu regulieren, und sind an den kognitiven und emotionalen Faktoren des Schmerzes beteiligt. Das Herz ist deshalb vermutlich ein wesentlicher Moderator von Schmerzen.
>
> (https://pubmed.ncbi.nlm.nih.gov/31728781/; aus dem Englischen übersetzt)

Dieser Artikel besagt, dass unser Herz den Schmerz in unserem Gehirn reguliert, d.h. es beeinflusst und kontrolliert ihn. Damit wird wunderbar untermauert, was Gott uns in seinem Wort gesagt hat, nämlich, dass alle

Quellen des Lebens aus unserem Herzen fließen. Erlaube mir, folgenden Gedanken anzuregen: Wenn wir den Sieg des Kreuzes in unserem Herzen annehmen, können wir frei von Schmerzen leben.

Warum glauben wir, alles ließe sich beheben, indem wir in unserem Kopf aufräumen, anstatt die Wahrheit zu akzeptieren, dass alles im Herzen anfängt, welches wiederum das Gehirn beeinflusst und sogar verändert?

Gott hat uns auf so erstaunliche Weise geschaffen! Lasst uns deshalb den Fokus verstärkt auf unser Herz legen.

BEKENNTNIS

Herr, ich bin tief berührt von deiner Größe. Nur dir allein war es möglich, ein so kraftvolles Herz zu erschaffen. Lehre mich durch deinen Heiligen Geist, alle negativen Erinnerungen in meinem Herzen zu verändern. Ich liebe dich.

KAPITEL 4

DIE GEDANKEN DES HERZENS

Wie wir im vorigen Kapitel gesehen haben, kommen die Gedanken aus dem Herzen. So hat Jesus es gesagt. Bis vor etwa 20-25 Jahren gingen Wissenschaftler davon aus, und die meisten von uns wurden so gelehrt, dass nur das Gehirn Informationen an das Herz sendet. Allgemein galt die Annahme, das Gehirn erteile dem Herzen Befehle, und das Herz gehorche.

Wie wir heute wissen, sendet das Herz Botschaften an das Gehirn und teilt ihm mit, wie es sich fühlt. Den ganzen Tag über findet eine wechselseitige Kommunikation zwischen Herz und Gehirn statt. Es wandern jedoch wesentlich mehr Botschaften vom Herzen zum Gehirn als umgekehrt.

Das Herz denkt in Bildern, die es an das Gehirn weitergibt. Wir müssen uns das Gehirn als einen Prozessor vorstellen, der die Bilder des Herzens aufnimmt und sie in für uns verständliche Worte umwandelt. Er teilt uns also mit, welches Gefühl Hunger bedeutet, welches Schmerz, welches Freude, usw. Bei einem normalen, gesunden Menschen arbeitet all dies harmonisch zusammen.

Vor etwa 40 Jahren diente ich als Jugendpastor in einer Kirche in England. Dort gab es ein Ehepaar mit einem etwa achtjährigen Mädchen, das mit einem Hirnschaden zur Welt gekommen war. Sie konnte weder sprechen noch gehen und nicht einmal selbstständig essen. Sie war an ein Leben im Rollstuhl gebunden und völlig von der Pflege ihrer Eltern abhängig. Als ich dieses Mädchen zum ersten Mal sah, empfand ich eine unbeschreiblich tiefe Liebe für das Kind. Obwohl sie keinerlei Kontrolle über ihre Körperteile hatte und ständig Speichel aus ihrem Mund lief, wollte ich sie einfach nur umarmen.

Was ich mit der Kleinen erlebte, war für mich damals nicht nachvollziehbar. Heute ist es mir völlig klar. Mein Herz verband sich mit ihrem Herzen und ihres mit meinem. Ihr Herz spürte meine aufrichtige Liebe ihr gegenüber, die ich jedes Mal, wenn ich sie sah, deutlich zum Ausdruck brachte. Immer wenn sie meine Stimme hörte oder in meine Nähe kam, begannen ihre Arme unkontrolliert herumzufuchteln, aus ihrem Mund kamen stöhnende Geräusche und sie sabberte unkontrolliert. Ihre Eltern erklärten mir, dass sie mich wirklich sehr mochte.

Eines Tages fragte ich die Eltern: „*Versteht sie mich, wenn ich mit ihr spreche?*“ und sie versicherten mir, das täte sie. Sie hatte eine Hirnleistungsstörung. Doch weil wir nicht mit dem Gehirn, sondern mit dem Herzen denken und das Gehirn lediglich die Gedanken und Bilder unseres Herzens verarbeitet, spürte und erfuhr sie in ihrem Herzen meine aufrichtige Liebe zu ihr. Ihr Herz war also völlig intakt, und deshalb formte es Gedanken, um meine Liebe zu erwidern. Wahrscheinlich dachte sie in ihrem Herzen, dass sie mich umarmen wollte, und das Herz gab diese Gedanken an ihr Gehirn weiter. Doch weil das Gehirn, also der Prozessor, diese Gedanken nicht verarbeiten konnte, war es nicht in der Lage, sie an den Körper weiterzugeben. Deshalb konnte der Körper nicht entsprechend reagieren.

Vielleicht fragst du dich jetzt: „*Wozu brauche ich all diese Informationen?*" Ich kann dir versichern, dass diese Aussagen wichtiger und wertvoller sind, als du dir im Moment vorstellen kannst. Da die Gedanken deines Herzens dein Handeln bestimmen, werde ich dir im Laufe dieses Buches zeigen, wie du dein Herz richtig umprogrammieren kannst. Sobald dein Herz neu beschrieben ist, wirst du ein überfließendes und fruchtbares Leben führen können.

> **Markus 2,6-8:** Es saßen aber dort etliche von den Schriftgelehrten, die dachten in ihren Herzen: Was redet dieser solche Lästerung? Wer kann Sünden vergeben als nur Gott allein? Und sogleich erkannte Jesus in seinem Geist, dass sie so bei sich dachten, und sprach zu ihnen: Warum denkt ihr dies in euren Herzen?

> **Lukas 9,46-48:** Es schlich sich aber der Gedanke bei ihnen ein, wer wohl der Größte unter ihnen sei. Da nun Jesus die Gedanken ihres Herzens sah, nahm er ein Kind und stellte es neben sich; und er sprach zu ihnen: „Wer dieses Kind aufnimmt in meinem Namen, der nimmt mich auf; und wer mich aufnimmt, der nimmt den auf, der mich gesandt hat. Denn wer der Geringste ist unter euch allen, der wird groß sein!"

Wenn wir uns diese beiden Schriftstellen ansehen, können wir erkennen, dass die Bibel uns sagt, dass der Mensch nicht mit seinem Gehirn denkt, sondern mit seinem Herzen. Sowohl die Schriftgelehrten als auch die Jünger hatten Gedanken, die Jesus missfielen, und es heißt, er erkannte dies in seinem Geist. Offensichtlich haben sie diese Gedanken nie verbal geäußert, sonst hätte Jesus sie mit den Ohren gehört und nicht in seinem Geist wahrgenommen.

DIE GEDANKEN DES HERZENS BEEINFLUSSEN DAS GEHIRN

Wenn wir qualitativ schlechte Entscheidungen treffen und uns für toxische oder negative Gedanken wie Wut, Kritik, Bitterkeit, Unversöhnlichkeit, etc. entscheiden, verändern wir unsere DNA. Diese wiederum verändert den Zustand unseres Gehirns und strukturiert es auf negative Weise um. Das Gehirn reagiert sofort auf diese Gedanken des Herzens, indem es auf Abwehrmodus schaltet. Da das Gehirn nur der Prozessor und nicht die Quelle der Gedanken ist, nimmt es diese negativen Gedanken aus dem Herzen nun auf und verarbeitet sie zu Stress. Sobald dies geschehen ist, wird sich dieser Stress auf körperlicher Ebene bemerkbar machen.

Ich kann mich an ein Gespräch erinnern, als ich mit einem guten Freund und großartigen Mann Gottes bei einem netten Essen im Restaurant saß. Wir hatten eine wunderbare Zeit miteinander und dabei erzählte er mir, er glaube fest an die Zehn-Sekunden-Regel. Als ich versuchte zu verstehen, was er damit meinte, erklärte er es mir. Man lässt niemals zu, dass ein ungesunder und gottloser Gedanke länger als 10 Sekunden im Herzen bleibt. Würden wir diese einfache Regel anwenden, hätten wir nicht nur ein viel besseres Leben, sondern wir würden auch Gott wesentlich mehr erleben.

Vor Jahren las ich ein faszinierendes Buch von zwei Ärzten und Forschern. Sie hatten bewiesen, dass unser Körper so geschaffen wurde, dass er im Falle eines perfekt funktionierenden Immunsystems in der Lage ist, jegliche Krankheit zu zerstören, einschließlich der aggressivsten Krebszellen. Vereinfacht gesagt wurde Sprüche 4,23 wieder einmal durch die Wissenschaft bestätigt: *„Aus deinem Herzen fließen die Quellen des Lebens."*

Als ich verstand, dass mein Herz für meine Gedanken verantwortlich ist, mein Gehirn die Gedanken weiterverarbeitet und diese Informationen dann an jede Zelle meines Körpers weitergibt, veränderte sich mein Leben dramatisch. Ich begann mich innerlich auf die Gedanken und Überzeugungen meines Herzens zu konzentrieren. Als diese dann Schritt für Schritt neu geprägt und verändert wurden, hatte das Auswirkungen auf alle Bereiche meines Lebens. Dieses Buch soll dir, zusammen mit den Meditationsübungen, dabei helfen, dasselbe zu tun.

Die erfreuliche Nachricht ist, dass sich nicht nur negative und toxische Gedanken auf deinen ganzen Körper auswirken, nachdem sie vom Gehirn verarbeitet wurden, sondern auch das Gegenteil ist der Fall. Indem wir lernen, über die positive Wahrheit des vollbrachten Werks am Kreuz zu meditieren, werden diese Informationen ebenfalls vom Herzen an das Gehirn gesendet, woraufhin es sich auf neue und gesunde Weise verdrahtet und diese Gesundheit an den Körper weiterleitet.

Dr. Teri Speed berichtet in ihrem Buch „*The Incurables*“ von vielen außergewöhnlichen Heilungswundern, die passierten, indem lediglich die Erinnerungen an schmerzhafte, verletzende Begebenheiten verändert wurden. Sobald wir lernen, dass es in unserer Macht steht, unser Herz zu verändern und zu beeinflussen, können wir alle Begrenzungen aus unserem Leben entfernen.

Eines Tages war ich mit meiner Frau Debi laufen, um sie bei ihrem Training für einen Marathon zu unterstützen, als mir eindrucksvoll vor Augen geführt wurde, wie das Herz funktioniert. An jenem Morgen fühlte sich Debi körperlich müde und sie ließ in ihrem Herzen die Gedanken zu, dass sie ihr Training an diesem Tag nicht schaffen würde. Das Herz übermittelte die Gedanken an das Gehirn, welches sie verarbeitete und dem Körper mitteilte, er könne das Ziel nicht erreichen. Als ich die Gedanken ihres Herzens wahrnahm, erklärte ich ihr, dass ihr Körper durch eine Veränderung der Gedanken die nötige Energie erhalten würde, um wie geplant zu trainieren. Als Debi meinen Vorschlag befolgte, teilte ihr Herz dem Gehirn mit, sie sei stark im Herrn und könne alles schaffen. Ihr Gehirn verarbeitete diese Gedanken und gab die Informationen an den Körper weiter, der daraufhin in der Lage war, die gewünschte Leistung zu erbringen.

Neurowissenschaftler entdeckten eine Verbindung zwischen der Erhöhung von Alpha-Gehirnwellen und der Fähigkeit, eine Depression zu vermindern. Die Alpha-Gehirnwellen erhöhen sich, wenn wir meditieren und unser Herz mit positiven Gedanken füllen. Im Alpha-Zustand des Gehirns sind wir zudem in der Lage, kreativ zu denken. Wenn wir lernen, eine tägliche Routine von positiven Gedanken in unserem Herzen zu etablieren, wird sich unsere Gehirnstruktur verändern und neue Neuronen werden gebildet. Es gibt keinen besseren Weg, wie du dir positive Gedanken aneignen kannst, als über das zu meditieren, was Gott über dich denkt.

DIE WISSENSCHAFT BESTÄTIGT DIE BIBEL

Durch Untersuchungen wurden vier Hauptwege ermittelt, über die das Herz mit dem Gehirn kommuniziert: neurologisch (durch die Übertragung von Nervenimpulsen), biochemisch (durch Hormone und Neurotransmitter), biophysikalisch (durch Druckwellen) und energetisch (durch elektromagnetische Feldwechselwirkungen). Die Kommunikation mittels dieser Kanäle beeinflusst die Aktivität des Gehirns erheblich. Darüber hinaus zeigen unsere Forschungen, dass Botschaften, die vom Herzen an das Gehirn gesendet werden, zudem die Leistungsfähigkeit beeinflussen können.

(Science of the heart, volume 2, Page 8, Rollin McCraty; übersetzt aus dem Englischen)

Mir fehlen die Worte, um meine Begeisterung auszudrücken. Denn während der letzten 20 Jahre fand ich immer wieder zahlreiche wissenschaftliche Beweise für das, was Gott mir vor so vielen Jahren in meinem Keller offenbart hatte. Ich trage eine tiefe Dankbarkeit für meine wundervolle Frau Debi in meinem Herzen, die mir in den letzten zwei Jahrzehnten geduldig zugehört hat, als ich immer wieder mit ihr über das Herz sprach. Anfangs hatte ich keine wissenschaftlichen Belege, sondern lediglich feste Überzeugungen in meinem Herzen. Ich kann nicht zählen, wie oft sie mich ermutigt hat, dieses Buch zu schreiben. Manchmal fragte ich mich, ob es sie nervte, wenn ich als Lösung für die meisten Probleme sagte: „*Bring dein Herz in Ordnung!*" Heute kann ich in großer Dankbarkeit dieses Buch mit ihr gemeinsam schreiben.

Nehmen wir die oben zitierte wissenschaftliche Aussage und kombinieren sie mit biblischer Wahrheit, erhalten wir die schöpferische Fähigkeit, sogar unser Gehirn neu zu strukturieren. Nicht umsonst sagt die Bibel nie, wir sollen unser Gehirn verändern, sondern sie ermutigt uns stattdessen oft, an unseren Herzen zu arbeiten. Wenn wir Wahrheiten wie „*Ich vermag alles durch den, der mich stark macht, Christus.*", „*Ich bin mehr als ein Überwinder.*", „*Ich bin bedingungslos geliebt.*", usw. in unser Herz eingravieren, verarbeitet unser Gehirn diese und gibt dann die Befehle an den Körper weiter, die uns befähigen, entsprechend zu handeln.

Es ist so faszinierend, wie wahr die Worte aus Psalm 139 sind, dass wir erstaunlich und wunderbar gemacht sind!

Seit ich begonnen habe, den enormen Einfluss des Herzens auf Gehirn und Körper zu verstehen, ist es mir unerklärlich geworden, wie wenig Zeit Christen damit verbringen, an ihrem Herzen zu arbeiten. Ich habe viele Menschen kennengelernt, die hohe Geldbeträge investierten, um zu lernen, wie sie die Probleme in ihrem Kopf beheben können, doch ohne dauerhaften Erfolg. Im Lichte der biblischen Wahrheit ergibt natürlich alles Sinn. Demnach wird das Gehirn umgestaltet, wenn sich das Herz verändert.

Vor einigen Jahren trat ein 25-jähriger Mann aus Polen mit der Bitte an mich heran, sechs Wochen lang mit mir reisen zu dürfen. (Zu dieser Zeit war ich in ganz Brasilien unterwegs und predigte fast täglich.) Dieser junge Mann erklärte mir, dies sei bereits seit zehn Jahren, als er mich im Alter von 15 Jahren kennengelernt hatte, ein tiefer Wunsch von ihm gewesen. Nach reiflicher Überlegung und Gebet beschloss ich, seine Bitte zu erfüllen.

Sechs Wochen lang waren wir durchgängig fast Tag und Nacht zusammen. Wir reisten durch ganz Brasilien, predigten in Dutzenden Veranstaltungen und erlebten hunderte gewaltige Wunder. Nachdem er die übernatürliche Kraft Gottes unmittelbar erlebt hatte, kehrte er schließlich mit einem begeisterten Herzen nach Polen zurück.

Ein paar Monate später war ich aufgrund einer Konferenz in Polen, die er ebenfalls besuchte. Irgendwann rief ich ihn spontan nach vorne und bat ihn, Zeugnis über seine Erfahrungen in Brasilien zu geben. Nachdem er eine Weile von all den erstaunlichen Wundern berichtet hatte, die er miterleben durfte, bat ich ihn, alles in einem Satz zusammenzufassen. Er sagte einfach: „*Du wirst immer das erleben, was dein Herz glaubt.*“

BEKENNTNIS

Herr, wenn ich mein eigenes Herz anschaue, mit all den Gedanken, die ich zuließ, obwohl sie dich nicht verherrlichten, dann kann ich nur über deine tiefe Liebe staunen. Du bist immer an meiner Seite, egal was ich tue. Und du erlaubst mir, selbst zu entscheiden, was ich denke. Von heute an übernehme ich die Verantwortung für die Gedanken meines Herzens. Mit deiner Hilfe werde ich mich entscheiden, über das nachzudenken, was dich verherrlicht.

KAPITEL 5

ERNEUERUNG DEINES SINNES

Ich bin Gott dankbar, dass ich sehr früh in meinem Christsein folgende Wahrheit verstanden habe, die mein Leben radikal veränderte: Ich bin nicht dafür verantwortlich, was andere Menschen mir antun, doch ich bin dafür verantwortlich, wie ich auf das reagiere, was sie tun.

Oftmals können wir die Ereignisse oder Umstände unseres Lebens nicht kontrollieren, aber wir können immer unsere Reaktionen *kontrollieren.* Leider hat die Religion so einiges im Leben vieler Menschen zerstört.

Ich mag die Aussage nicht: „*Keine Sorge. Gott hat alles unter Kontrolle.*" Zunächst einmal ist sie in den Situationen, in denen sie zitiert wird, meist nicht wahr. Es stimmt zwar, dass Gott immer über allem steht, doch er hat nicht die Kontrolle. Am Anfang der Bibel wird uns gesagt, dass Gott die Erde dem Menschen gab, also hat der Mensch die Kontrolle über die Erde.

Wenn ich der Eigentümer eines Hauses bin, so wie Gott Eigentümer der Erde ist, und mein Haus an dich vermiete, bin ich immer noch für das Haus zuständig, aber ich habe keine Kontrolle darüber, was du in diesem Haus tust. Wenn du deine Kinder oder deinen Ehepartner in meinem Haus, das ich dir vermietet habe, missbrauchst, habe ich weder die Kontrolle über deine Handlungen noch bin ich für sie verantwortlich.

Aufgrund einer schrecklich religiösen Mentalität, die Gott zu einer Person macht, die ständig jede Kleinigkeit kontrollieren und steuern muss, glauben wir, keine Kontrolle über unser Leben und unsere Handlungen zu haben. Sobald wir verstehen, dass wir nicht nur für unser Herz verantwortlich sind, sondern uns auch die Fähigkeit und das Handwerkszeug gegeben wurde, um unser Herz zu verändern, gibt es keine Ausreden mehr für unangemessene Reaktionen.

Indem wir lernen, unsere Reaktionen auf die verschiedenen Ereignisse und Umstände zu kontrollieren, die uns das Leben – häufig außerhalb unserer Einflussmöglichkeiten – entgegenwirft, können wir ein gesundes und siegreiches Leben führen. Ob wir unser Handeln kontrollieren oder nicht, wird den Unterschied zwischen gesunden oder kranken Herzen und Körpern machen.

ERNEUERUNG UNSERER GESINNUNG

Wenn die Bibel von der Wichtigkeit der Erneuerung unserer Denkweise bzw. Gesinnung spricht, sagt sie damit nicht, dass wir ändern sollen, was wir denken. Was wir denken, hat mit unserem Herzen zu tun, aus dem unsere Gedanken kommen. Die Erneuerung unseres Sinnes bezieht sich vielmehr darauf, *wie* wir denken, anstatt darauf, *was* wir denken.

> **Römer 12,2:** Richtet euch nicht länger nach den Maßstäben dieser Welt, sondern lernt, in einer neuen Weise zu denken, damit ihr verändert werdet und beurteilen könnt, ob etwas Gottes Wille ist – ob es gut ist, ob Gott Freude daran hat und ob es vollkommen ist. (NGÜ)

Das Denken ist Teil unserer Seele, denn es hängt sowohl mit unserem Willen als auch mit unserer Entscheidung, wie wir über bestimmte Situationen und Sachen denken, zusammen. Das griechische Wort für *Gesinnung (die Art zu denken)* beschreibt in diesem Vers, *wie wir Dinge verstehen und wahrnehmen*. Schaut man sich den Kontext des Verses an, wird das sehr deutlich. Paulus sagt, wir sollen uns nicht dieser Welt anpassen, sondern uns stattdessen radikal verändern, indem wir unsere Denkweise erneuern. Er sagt, bevor wir Christen wurden, dachten wir, wie diese Welt denkt. In der Bibel finden wir jedoch viele Beweise, dass Christen nicht so denken sollen wie die Welt.

Unsere Wahrnehmung hat damit zu tun, wie wir Dinge sehen, also mit unserer Perspektive von bestimmten Dingen oder Situationen. Bei fast jedem beliebigen Thema wirst du schnell feststellen, dass sich Gottes Denkweise (seine Wahrnehmung/Perspektive) in der Regel sehr stark vom Denken dieser Welt unterscheidet.

Die Erneuerung der Gesinnung spielt eine wichtige Rolle im Prozess der Umgestaltung des Herzens. Schauen wir uns beispielsweise das Thema Geld an. Die Welt hat diesbezüglich klare Vorstellungen, die sich sehr von der Art und Weise unterscheiden, wie Gott darüber denkt. Wenn du das Wort Gottes liest und studierst, musst du eine Entscheidung treffen. Willst du an deiner alten Wahrnehmung festhalten, also an der Sichtweise der Welt, oder willst du sie loslassen und von nun an Gottes Wahrnehmung übernehmen? Jedes Mal, wenn du Gottes Sichtweise annimmst, wird deine Denkweise erneuert und du wirst weiter verändert, wie es in Römer 12 beschrieben ist.

Lass uns nun die Beziehung zwischen Arbeitgebern und Arbeitnehmern betrachten. Die Denkweise der Welt steht im Widerspruch zu Gottes Denken. Du hast die Wahl, welche dieser beiden Denkweisen du annimmst. Wenn du dich entscheidest, über dieses Thema so zu denken wie Gott, wirst du verändert werden. Gott sagt zu Angestellten, dass sie ihre Arbeit nicht als Dienst für Menschen, sondern für den Herrn tun sollen - in dem Wissen, dass ihr Lohn von Gott kommt.

Wenn wir verstehen, dass nicht nur unsere Gedanken wichtig sind, sondern auch, *wie* wir über Dinge denken, können wir Verantwortung für unsere Gesinnung übernehmen.

An dieser Stelle möchte ich beginnen, dir aufzuzeigen, dass deine Wahrnehmung nicht zwangsläufig der Wahrheit entspricht. Sie ist lediglich die Art und Weise, wie *du* Dinge wahrgenommen hast. Wenn ich lehre, veranschauliche ich dies gern anhand eines Beispiels, das immer funktioniert. Ich lade dich ein, dich jetzt zu entspannen und dir in deinem Herzen die Worte, die du gleich lesen wirst, bildlich vorzustellen. Konzentriere dich ganz auf die nächsten Sätze und stelle dir die folgende Szene plastisch vor:

Du verlässt dein Haus, um einen Spaziergang zu machen. Nach einem langen, anstrengenden Arbeitstag bist du in Gedanken versunken. Während die Sonne untergeht, schlenderst du in aller Ruhe eine kleine Seitenstraße entlang. Während du durch diese einsame Straße schlenderst, versunken in deinen Tagträumen und dankbar, dass der Tag endlich vorbei ist, siehst du plötzlich einen großen Hund um die Ecke laufen. Der Hund erblickt dich, richtet seinen Fokus auf dich und rennt direkt auf dich zu. All seine Muskeln spannen sich an, während der Wind sein Maul aufdrückt und seine Zähne sichtbar werden.

Halte jetzt einen Moment inne und denke nach. Welche Gefühle hattest du, als du dich auf diese Situation konzentriert hast? Einige von euch empfanden wahrscheinlich Angst und Panik, andere jedoch Freude und Begeisterung.

Vor vielen Jahren wäre ich bei einer solchen Szene vor Panik wie gelähmt gewesen. Ich bin mir sicher, wenn Debi diese Situation in ihrem Herzen visualisiert hätte, wäre das Gegenteil der Fall gewesen. Wie ich meine Frau kenne, hätte sie wahrscheinlich Begeisterung verspürt und sich vorgestellt, wie sie sich mit diesem großen Hund spielerisch auf dem Boden rollt.

Was ist gerade passiert? Ich habe dir die Kraft der Wahrnehmung demonstriert. Die Bibel nennt das *Gesinnung*. Niemand, der die obige Beschreibung gerade gelesen hat, wusste in Wirklichkeit genau, ob der große Hund, den ich beschrieben habe, gefährlich oder verspielt war.

Wir entscheiden selbst, wie wir etwas wahrnehmen oder beurteilen. Oft basiert das auf unserer Vergangenheit, unserer Erziehung, unseren Erfahrungen oder einfach auf unserer Vorstellung von der Welt. Viele Dinge, die Gott gut nennt, bezeichnet die Welt als böse und umgekehrt. Wenn wir also nicht bereit sind, unsere alten Sichtweisen loszulassen und sie im Sinne Gottes zu ändern, werden unsere Herzen auch nicht verwandelt werden.

Ich möchte dich herausfordern und dir zeigen, dass unsere Wahrnehmungen einfach nicht der Wahrheit entsprechen. Sie sind lediglich *unsere Art*, die Dinge zu sehen. Weil wir nicht gewissenhaft an unserem Herzen gearbeitet und oft der Lüge geglaubt haben, dass wir nichts tun könnten, um unser Herz zu ändern, halten wir nun an diesen falschen Wahrnehmungen fest, die wir für die Wahrheit halten.

In Römer 1,25 lesen wir, wie die Menschen Gottes Wahrheit gegen eine Lüge eingetauscht haben. Das ist auch für jeden von uns eine große Gefahr, wenn wir nicht lernen, unser Denken zu erneuern. Erinnere dich, bei der Erneuerung der Gesinnung geht es darum, *wie* du über eine bestimmte Person oder Situation denkst, und nicht, *was* du darüber denkst.

Wir entscheiden mithilfe unseres Willens, wie wir denken. Es gibt Menschen, die unbeirrt daran festhalten, Gott als zornigen, strafenden Vater zu sehen. Das ist natürlich eine Lüge. Gott ist ein liebevoller und fürsorglicher Vater. Diese Menschen hatten vielleicht eine schreckliche Kindheit, mit einem Vater, der sie missbrauchte. Dadurch wurde in ihrem Denken die Wahrnehmung geprägt, dass Väter böse und verletzend seien.

Wenn sie nicht bereit sind, diese Lüge loszulassen, entwickelt sich dies in ihrem Herzen zur Wahrheit. Weil wir immer das bekommen, was unser Herz glaubt, werden diese Menschen später viele Erfahrungen machen, die ihnen Schmerz und möglicherweise Schaden zufügen, den sie wiederum auf Gott projizieren.

Wir haben die Kraft der Wahrnehmung am Anfang unserer eigenen Ehe erlebt. Da Debi aus einem zerrütteten Elternhaus kam, hatte ihre Mutter ihr den starken Glauben eingetrichtert, dass alle Männer Frauen nur für das Eine benutzen wollen. Außerdem war sie der Ansicht, dass Frauen stark genug seien und keine Männer bräuchten. Das hatte ihr ebenfalls ihre Mutter beigebracht. Debi hatte sich entschieden, an dieser Sichtweise festzuhalten, die in ihrem Herzen nun zur Wahrheit wurde. Ich erinnere mich noch, wie ich verzweifelt versuchte, einfach nett zu ihr zu sein und sie ohne Hintergedanken zu lieben. Doch sie war zunächst nicht in der Lage, meine Liebe anzunehmen. Als Debi nach einigen Jahren endlich beschloss, diese falschen Wahrnehmungen loszulassen, brachte das eine wunderbare Veränderung in unsere Ehe.

Als ich in unserer Schule des Prophetischen und Übernatürlichen über die Kraft der Wahrnehmung und der Gesinnung lehrte, erzählte jemand aus dem Team ein klassisches Beispiel, das er nur wenige Wochen zuvor erlebt hatte. Er und seine Frau hatten einen Freizeitpark besucht. Sie fuhren mit der Achterbahn, was für ihn ein absolut herrliches und für sie ein wirklich schreckliches Erlebnis war. Ich frage dich nun, machen Achterbahnen Spaß oder sind sie beängstigend? Die Wahrheit ist, weder noch und beides. Das hängt ganz und gar von deiner Wahrnehmung ab.

Wenn ich z. B. daran denke, wie ich mit einem Seil um die Füße auf einem sehr hohen Gebäude stehe und eine Stimme höre, die sagt: „*Fünf, vier, drei, zwei, eins, Bungee!*“, dann ist meine Wahrnehmung pure Freude und Begeisterung. Hätte Debi den gleichen Gedanken, nun ja..., sie würde sich erst gar nicht in diese Situation begeben!

Ich kann nicht oft genug betonen, wie wichtig es ist, unsere Denkweise ständig zu erneuern. Täglich prasseln so viele Meinungen auf uns ein, wie wir über die unterschiedlichsten Dinge denken könnten. Wir müssen uns immer wieder für das Wort Gottes entscheiden und seine Art zu denken als die einzig Richtige akzeptieren. Wenn du das Wort Gottes nicht mit der Hilfe des Heiligen Geistes studierst, wie kannst du dann wissen, wie Gott denkt? Die einzige Möglichkeit, unsere Gesinnung zu erneuern, besteht darin, die Denkweise der Welt und sogar unsere eigene Denkweise abzulehnen, wenn sie dem Denken Gottes widersprechen. Jedes Mal, wenn wir diese Entscheidung treffen, haben wir in dem Moment unsere Gesinnung in diesem Bereich erneuert.

Ich werde dir ein praktisches Beispiel aus meinem eigenen Leben geben. Es gibt allerhand, was ich tue, um die Güte Gottes in der ganzen Welt bekannt zu machen. Wir haben ein Team mit etlichen Personen, die zusammen daran arbeiten, meine Botschaften in gedruckter Form und in den sozialen Medien zur Verfügung zu stellen. Obwohl wir unsere Produkte kostenpflichtig anbieten müssen, um alle, die daran mitarbeiten, weiterhin beschäftigen zu können, sage ich unseren Mitarbeitern immer wieder: „*Denkt daran, wir machen das nicht, um Geld zu verdienen, sondern um Gott und den Menschen zu dienen.*" Das ist ein großer Unterschied.

Was die Welt *Marketing* nennt, bezeichne ich in der Regel als Lügen. Ich entscheide mich, in diesem Bereich so zu denken wie Gott. Unser Ziel ist stets, Gott und den Menschen bestmöglich zu dienen und nicht, Reichtum zu erwirtschaften. Kürzlich hörte ich, wie ein wunderbarer Mann Gottes über einen seiner engen Freunde, den Gründer eines sehr bekannten großen internationalen Dienstes, Folgendes erzählen. *Er sagte, er würde in seinem Dienst niemals etwas tun, solange es nicht ordentlich Gewinn abwirft.* Vielleicht kann man das mit diversen, aus dem Zusammenhang gerissenen Bibelversen rechtfertigen. Ich halte solch eine Einstellung jedoch für gefährlich, denn sie zeigt eine Gesinnung und ein Herz, die nicht erneuert sind.

BEKENNTNIS

Herr, ich danke dir, denn du hast mir die Werkzeuge gegeben, um kraftvoll verändert zu werden. Ich verstehe jetzt, dass ich durch die Erneuerung meiner Denkweise eine Verwandlung in meinem Leben erleben werde. Ich entscheide mich, nicht an diese Welt angepasst zu sein, sondern meine Gesinnung zu erneuern, indem ich von dir und deinem Wort lerne und über jeden Bereich meines Lebens so denke, wie du denkst.

KAPITEL 6

DAS HERZ, DER OBERBEFEHLSHABER

Geist, Seele, Herz, Gehirn und Körper arbeiten ständig zusammen und interagieren miteinander, doch das Herz ist der Oberbefehlshaber. Die Informationen, die Gott in deinen Geist gelegt hat, wandern zum Herzen, wo sie gefiltert und dann an das Gehirn weitergeleitet werden. Dort werden sie verarbeitet und schließlich an den Rest deines Körpers übermittelt. Wenn du einmal verstehst, wie perfekt Gott uns geschaffen hat und wie harmonisch alles zusammenspielt, solltest du darauf achtgeben, wie du lebst.

Wir müssen uns keine Sorgen um unseren Geist (den neuen inneren Menschen) machen. Denn er kennt die volle Wahrheit über Gottes Leben, das in uns ist. Würden wir hingegen unserem Herzen so viel Aufmerksamkeit schenken, wie gesagt wird, wir sollten uns um unseren Geist kümmern, dann würden wir in ständigem Sieg wandeln.

Wenn ich diese kraftvollen Wahrheiten lehre, habe ich immer zwei Kaffeefilter dabei, um dies zu veranschaulichen. Einer ist neu und absolut sauber, in den anderen habe ich Schmutz und Hundekot gegeben. Ich öffne vor den Schülern eine Flasche mit klarem Wasser und gieße es durch den sauberen Filter in ein Glas. Dann rufe ich einen Freiwilligen zu mir und bitte ihn, einen Schluck davon zu trinken, was er ohne Zögern tut. Dann nehme ich den schmutzigen Filter und gieße das gleiche reine Wasser durch diesen Filter in ein anderes Glas. Diesmal läuft das Wasser völlig verschmutzt aus dem Filter. Bisher habe ich noch keinen Freiwilligen gefunden, der dann aus diesem Glas getrunken hätte. Die Schüler sind meist sehr angewidert. Wenn ich sie dann darauf hinweise, wie sauber der Behälter und das ursprüngliche Wasser waren und dass erst der Filter den Unterschied gemacht hat, fangen sie an, die Bedeutung des Herzens zu verstehen.

Es spielt keine Rolle, wie perfekt und rein die Wahrheit in deinem Geist ist. Wichtig ist, ob du einen sauberen oder einen schmutzigen Filter hast. Dein Geist weiß, dass du in Christus mit jeder geistlichen Segnung in der Himmelswelt gesegnet worden bist (vgl. Eph. 1,3). Dein Geist teilt diese Wahrheit jedoch nicht deinem Gehirn mit, sondern deinem Herzen. Wenn dein Herz diese Information aufnimmt, wird es sie entweder als die absolute Wahrheit akzeptieren oder sie verfälschen, je nach Zustand deines Herzens. Gleicht dein Herz einem schmutzigen Kaffeefilter, verunreinigt durch religiöse Lügen oder Lügen, die dir deine Eltern, Lehrer oder vielleicht sogar Pastoren eingeflößt haben, wird die Wahrheit nun verzerrt, und in dieser verdrehten Form an das Gehirn weitergegeben. Das Gehirn verarbeitet diese Information und erteilt Befehle an alle Zellen im Körper.

Das ist der Grund, warum etliche Nicht-Christen ein viel besseres Leben führen als Christen. Ihre Herzen sind keine schmutzigen Filter und geben deshalb gute Informationen an das Gehirn weiter. Wenn dein Herz glaubt, falls du nicht den Zehnten gibst, wird Gott den Fresser schicken, um deine Finanzen anzutasten, passiert Folgendes: Dein Geist weiß, dass dein Vater im Himmel ein großzügiger Versorger ist, der sich wünscht, dass du Erfolg hast und versorgt bist. Teilt der Geist dann dem Herzen diese Wahrheit mit, wird sie vom Herzen völlig verfälscht, wie bei dem schmutzigen Filter. Nun sendet dein Herz die Information an das Gehirn, dass du Widerstand und Armut erleben wirst, weil du es womöglich einige Male versäumt hast, alles zu geben, was Gott wollte. Das geschieht nicht unbedingt bewusst, sondern unbewusst, in den Tiefen der Zellen deines Herzens.

Wenn dein Gehirn diese Lügen verarbeitet, die du als Wahrheit akzeptiert hast, gibt es dem Körper Befehle und dieser gehorcht nun einfach. Du wirst immer wieder Dinge tun, die deine Versorgung und deinen Wohlstand boykottieren. Eine Verhaltensänderung wird hier nicht helfen. Was du brauchst, ist eine Veränderung deines Herzens.

Ich gebe dir ein weiteres Beispiel. Dein Geist weiß, du bist in Jesus Christus vollkommen gerecht und verdienst es deshalb, gesund zu sein. Gelangt diese Information nun in dein Herz, wird sie gefiltert und entweder als die Wahrheit an das Gehirn weitergeleitet oder verzerrt, je nach Zustand des Filters. Dein Gehirn wird lediglich die Informationen verarbeiten, die es vom Herzen erhält.

Wenn dein Herz voller Schuld und Scham ist und glaubt, dass du nichts Gutes oder Strafe von Gott verdienst, wird das Gehirn diese Informationen an den Körper weitergeben und du wirst dich ständig in Situationen begeben, in denen du dir selbst schaden wirst und möglicherweise sogar die Anziehungskraft für chronische Krankheiten haben.

Das Herz funktioniert perfekt, egal ob im positiven oder im negativen Sinn. Glaubt dein Herz, du müsstest krank sein, gibt das Gehirn diese Information an den Rest deines Körpers weiter und es werden alle möglichen Krankheiten und Leiden angezogen. Mediziner bezeichnen das als psychosomatische Erkrankungen. Ich nenne es das Ergebnis eines verdrehten Herzens.

Nach meiner persönlichen Auffassung haben mindestens 70-80% aller chronischen Krankheiten ihren Ursprung in falschen Herzensüberzeugungen.

DER UNTERSCHIED ZWISCHEN WISSEN UND WISSEN

Im griechischen Urtext gibt es verschiedene Wörter für *Wissen.* Hast du schon einmal den Spruch gehört: „*Ich weiß es in meinem Kopf, aber mein Herz weiß es nicht.*"? Diese Aussage ist meiner Ansicht nach nicht richtig. Ich glaube, die korrekte Art, *Wissen* zu beschreiben, wäre: „*Ich habe ein gewisses Maß an Verständnis in Bezug auf eine bestimmte Wahrheit, aber mein Herz hat sie noch nicht ganz ergriffen.*"

1. Johannes 5,20 formuliert das sehr schön:

> „Wir *wissen* aber, dass der Sohn Gottes gekommen ist und uns *Verständnis* gegeben hat, damit wir den Wahrhaftigen *erkennen*. Und wir sind in dem Wahrhaftigen, in seinem Sohn Jesus Christus. Dieser ist der wahrhaftige Gott und das ewige Leben." (Hervorhebung durch den Autor)

In diesem Vers gibt es drei verschiedene griechische Wörter, die *Wissen* beschreiben. Wenn Johannes sagte, *„wir wissen aber, dass der Sohn Gottes gekommen ist“*, bedeutet dieses Wort für *wissen* einfach *wahrgenommen haben*. Jesus Christus kam und lebte auf der Erde. Das ist eine historische Tatsache und keine tiefe Erkenntnis des Herzens, sondern vielmehr ein oberflächliches Herzenswissen. Wenn dort steht, dass *„er uns Verständnis gegeben hat“*, bedeutet dieses Wort, dass *wir durch Überlegung oder Betrachtung zu einem Begreifen gekommen sind.* Der Ausdruck *„damit wir den Wahrhaftigen erkennen“* meint, *durch Erfahrung ein Wissen erlangen.*

Hier können wir die Entwicklung des Herzensglaubens sehen. Du bekommst eine Information und durch diese Information merkst du, dass eine Sache wahr ist. Zum Beispiel liest du in der Bibel, dass Gott dir alles gegeben hat, was du zum Leben und zum Wandeln in Gottesfurcht brauchst, weil du ihn kennst (vgl. 2. Petrus 1,3). Sobald du diesen Bibelvers liest, kennst du ihn auf einer oberflächlichen Ebene. Es ist lediglich eine Information, die dein Herz erhalten hat, die dir allerdings niemals eine Erfahrung dieser kraftvollen Wahrheit bringen wird. Du musst jetzt zu einer tieferen Erkenntnis kommen, was durch Meditation und Reflektieren entsteht. Wenn du dein Herz von diesen Wahrheiten überzeugst, wird es diese Überzeugungen an das Gehirn weitergeben. Das Gehirn wird sie verarbeiten und alle Zellen in deinem Körper werden jetzt zusammenspielen, um dafür zu sorgen, dass du es auch erlebst.

DIE ENERGIE DES HERZENS

Jedes einzelne Organ und jede Zelle in deinem Körper erzeugen ein Magnetfeld, wobei das stärkste vom Herzen generiert wird. Die Messbarkeit des vom Gehirn erzeugten Magnetfelds liegt bei bis zu zwei Zentimetern Entfernung, während das Magnetfeld des Herzens bis zu einem Meter entfernt gemessen werden kann! Kein Wunder, dass uns die Bibel nie lehrt, wir sollen unser Gehirn in Ordnung bringen, sondern stattdessen fast 1000 Mal über das Herz spricht!

Das Energiefeld des Herzens verändert sich in Abhängigkeit von deinen Emotionen. Deine Emotionen haben viel mehr mit deinen Entscheidungen zu tun als mit deinen äußeren Umständen.

Als ich einen Kurs belegte, um Therapeut für Herztraumata zu werden, war ich fasziniert, wieder einmal festzustellen, wie die Wissenschaft mit der Bibel übereinstimmt. Es steht in unserer Macht, die Kontrolle über unsere Emotionen zu übernehmen. Sobald wir lernen, dies zu tun, wird sich die Energie unseres Herzens vom

Negativen zum Positiven verändern. Statt dass unser Gehirn zerstörerische Informationen empfängt, die normalerweise eine Freisetzung von giftigen Chemikalien in unserem Körper verursachen, erhält es nun gesunde Informationen, die gesunde Chemikalien freisetzen.

Schau dir folgenden wissenschaftlichen Beweis an:

> Das Herz ist die kraftvollste Quelle elektromagnetischer Energie im menschlichen Körper und erzeugt das größte rhythmische elektromagnetische Feld aller Körperorgane. Verglichen mit dem vom Gehirn erzeugten elektromagnetischen Feld, ist die elektrische Komponente des Herzfeldes in ihrer Amplitude ungefähr 60-mal grösser. Dieses in Form eines Elektrokardiogramms (EKG) gemessene Feld, kann überall auf der Körperoberfläche ermittelt werden. Zudem ist das vom Herzen erzeugte Magnetfeld über 100-mal stärker als das des Gehirns und kann in alle Richtungen in bis zu einem Meter Entfernung zum Körper gemessen werden.
>
> (Science of the heart, volume 2, Page 41, Rollin McCraty; übersetzt aus dem Engli-schen)

Wenn du über diese wissenschaftliche Erkenntnis nachdenkst und sie mit Sprüche 4,23 verbindest, "*Von ihm (deinem Herzen) geht das Leben aus*", dann ergibt alles einen Sinn. Die Energie, die von deinem Herzen ausgeht, führt entweder zu einem großartigen oder zu einem fürchterlichen Leben. Ich bin zu der Überzeugung gelangt, dass ein Großteil dessen, was wir dem Teufel in die

Schuhe schieben, nichts mit ihm zu tun hat, sondern vielmehr mit unseren falschen Herzensüberzeugungen. Weil das Energiefeld im Herzen so stark ist, wirken sich die darin gespeicherten Informationen auf jedes einzelne Organ in unserem Körper aus. Wenn wir uns entscheiden, über Dinge wie Liebe, Güte, Fürsorge und Vergebung zu meditieren, wird sogar eine physiologische Veränderung im Herzen messbar.

DER GLAUBE IM HERZEN BEWIRKT DAS WUNDER

Wissenschaftlichen Beweisen zufolge arbeiten alle Zellen unseres Körpers zusammen, um sicherzustellen, dass das, woran unser Herz glaubt, auch tatsächlich geschieht.

> **Psalm 28,7:** Der Herr ist meine Stärke und mein Schild; auf ihn hat mein Herz vertraut, und mir wurde geholfen. Darum frohlockt mein Herz, und ich will ihm danken mit meinem Lied.

Es fasziniert mich zu sehen, wie die Bibel in diesem Vers Bezug auf das Herz nimmt, jedoch nicht sagt, 'Gott hat mir geholfen'. Schau dir genau an, was der Psalmist schreibt: „*Auf ihn hat mein Herz vertraut, und mir wurde geholfen.*“ Diese Stelle zeigt, dass die übernatürliche Hilfe, die er erlebt hat, nicht in Gottes Eingreifen bestand, sondern das Ergebnis seines Herzensglaubens war. So kraftvoll ist unser Herz, und Gott hat es in dieser Form erschaffen.

Ich glaube, sobald wir lernen, biblisch korrekte Überzeugungen in unseren Herzen zu etablieren, werden alle Mächte der geistlichen Welt harmonisch zu unseren Gunsten agieren. Unser Herz schlägt regelmäßiger, wenn wir uns positiv fühlen und im Frieden sind. Die 40.000 Neuronen im Herzen überwachen die Hormone, Neurochemikalien und Druckwerte des Herzens. Diese Daten werden daraufhin an das Gehirn weitergeleitet. Durch diese Kommunikation besitzt das Herz die Fähigkeit zu verändern, wie Informationen vom Gehirn verarbeitet werden.

Wir müssen uns immer daran erinnern, dass das Herz nur die von uns ausgewählten Informationen übermittelt. Wir sind keine Opfer unserer Umstände. Wir sind mehr als Überwinder und haben die Fähigkeit, Einfluss auf unser eigenes Herz auszuüben. Der Teufel hat keinen Zugriff auf unseren Geist und kann sich auch nicht in unser Herz einmischen, es sei denn, wir entscheiden uns, ihm Zugang zu gewähren.

Je mehr wir die Kraft unseres Herzens verstehen, desto vorsichtiger werden wir sein, um niemandem und nichts zu erlauben, falsche Botschaften hineinzuschreiben. Wir gewähren dem Teufel Zutritt zu unserem Herzen, indem wir seine Lügen, Täuschungen oder verzerrten Wahrheiten annehmen und auf sie eingehen. Wenn wir in Unvergebenheit, Bitterkeit, Wut und Groll agieren, werden unsere Herzen empfänglicher für seine Lügen.

Lernen wir jedoch, in Liebe zu leben und zu handeln, wird unser Herz dem Teufel keinen Raum mehr geben.

BEKENNTNIS

Danke, Jesus, denn weder der Teufel noch meine Vergangenheit noch meine Umstände sind der Oberbefehlshaber in meinem Leben. Ich habe erkannt, dass mein Herz diese kraftvolle Position innehat. Ich übernehme die volle Verantwortung für mein Herz und werde alles Nötige tun, um dafür zu sorgen, dass es die Wahrheit glaubt und daraufhin gute Entscheidungen trifft.

Kapitel 7

Das Herz und der Geist

Weißt du noch, was wir gerade über den Geist gelernt haben? Unser Geist ist vollkommen und weiß alle Dinge. Er trägt das Leben Gottes in sich. Doch nur wenn unser Herz richtig ist, können wir all das Wissen des Geistes auch erleben. Schau dir die folgenden kraftvollen Bibelverse an und erkenne, wie deutlich sie sind:

> **Sprüche 12,25:** Kummer drückt das Herz eines Mannes nieder, aber ein gutes Wort erfreut es.
>
> **Sprüche 14,30:** Ein gelassenes Herz ist das Leben des Leibes, aber Eifersucht ist Fraß in den Gebeinen.
>
> **Sprüche 15,13:** Ein fröhliches Herz macht das Angesicht heiter, aber durch ein betrübtes Herz wird der Geist niedergeschlagen.
>
> **Sprüche 15,15:** Ein Unglücklicher hat lauter böse Tage, aber ein fröhliches Herz hat immer ein Festmahl.
>
> **Sprüche 17,22:** Ein fröhliches Herz fördert die Genesung, aber ein niedergeschlagener Geist dörrt das Gebein aus.

Laut dem ersten Vers sind Depressionen kein chemisches Ungleichgewicht des Gehirns, sondern die Ursache dafür liegt im Herzen. Mir ist bei dieser Aussage bewusst, dass es durchaus Ärzte gibt, die ein chemisches Ungleichgewicht im Gehirn von depressiven Menschen nachweisen können. Indem sie dieses Ungleichgewicht mit Medikamenten behandeln, unterdrücken sie jedoch lediglich die Symptome. Sobald die Medikamente abgesetzt werden, stehen diese Patienten wieder vor dem ursprünglichen Problem.

Vor vier Jahrzehnten zeigte mir der Herr in einem prophetischen Traum, dass seine Kinder sich meist nur mit Symptomen beschäftigen, anstelle die echten Probleme anzugehen. Wir reißen lieber das Unkraut aus, anstatt dessen Wurzeln zu zerstören. Natürlich verschafft das nur vorübergehend Linderung. Wir sind Experten darin geworden, das Spinnennetz zu entfernen, ohne die Spinne zu töten, die es gesponnen hat. Würden wir der Bibel glauben, dass die wahre Ursache von Depressionen im Herzen liegt, würden wir es viel sorgfältiger hüten.

Im zweiten Vers heißt es: „*Ein gelassenes Herz ist das Leben des Leibes.*" Die Bedeutung von *gelassen* entspricht hier *gesund sein.* Das Wort *Leben* kommt im Hebräischen (der Originalsprache) von einem Wortstamm, der *ein aufblühendes Leben* bedeutet. Ein gesundes Herz bringt also Leben in unseren Körper, wie uns hier gesagt wird. Genau das hat die Wissenschaft bewiesen. So viele chronische Krankheiten haben ihren Ursprung in ungesunden Herzensüberzeugungen.

Der nächste Vers besagt: „*Ein fröhliches Herz macht das Angesicht heiter, aber durch ein betrübtes Herz wird der Geist niedergeschlagen.*“ Das war der erste Vers, den Gott mir 1992 bei meiner Begegnung mit ihm in meinem Keller gab und erklärte. Wir werden hier sehr eindringlich gewarnt, dass der Kummer des Herzens, also ein betrübtes Herz, unser Leben zerstört. Das Wort *Kummer* bzw. *betrübt* meint hier *eine Wunde oder eine Verletzung*. Das Wort *niedergeschlagen* bedeutet *völlig zerstört*. Wenn du dich entscheidest, ungelösten Schmerz in deinem Herzen zu belassen, wird das Ergebnis ein zerstörtes Leben sein. Sobald du das verstanden hast, wirst du alles daransetzen, jedem Menschen schnell zu vergeben.

Wir wurden in Gottes Ebenbild geschaffen und Gott ist Liebe. Daher handeln wir jedes Mal gegen uns selbst, wenn wir entgegen der Liebe leben. Entscheiden wir uns, an Schmerzen, Verbitterung und Wunden, die andere uns zugefügt haben, festzuhalten, überträgt das Herz toxische Informationen an das Gehirn, die dieses verarbeitet und an jede Zelle in unserem Körper weitergibt. Die in unseren Zellen freigesetzten giftigen Chemikalien verursachen nun allerlei Arten von Krankheiten und Beschwerden.

Im nächsten Vers steht: „*Ein fröhliches Herz hat immer ein Festmahl.*“ Schau dir die Wahrheit dieses Verses an. Es heißt, wir werden immer ein Festmahl haben, wenn unser Herz froh ist. Eine der Bedeutungen für *Festmahl* ist *ein Bankett*, und dieses Wort stammt wiederum von dem Begriff *trinken oder schlemmen* ab. Egal, wie viel Jesus am

Kreuz für dich bezahlt hat, erleben wirst du es nur in dem Maß, in dem es dein Herz glauben kann.

Die letzte Bibelstelle sagt uns: „*Ein fröhliches Herz fördert die Genesung.*" Das Wort *Genesung* (im Englischen heißt es *Medizin*) kommt von einem Wortstamm, der *Heilung* bedeutet. Kürzlich habe ich für einen fünfjährigen Jungen gebetet, der leider an den Nebenwirkungen eines starken Medikaments gestorben ist. Es gibt eine Medizin, die immer Heilung bringt und keine Nebenwirkungen hat. Sie heißt: ein fröhliches Herz!

DIE INFORMATIONEN IN DEINEM GEIST

Wie bereits erwähnt, ist dein Geist perfekt und weiß alles. Es ist das Herz, das entscheidet, welche Informationen aus deinem Geist in deinem Gehirn ankommen und anschließend den Körper beeinflussen. Zudem entscheidet das Herz darüber, wie diese Informationen dorthin gelangen.

> **1. Johannes 2,20:** Und ihr habt die Salbung von dem Heiligen und wisst alles.

Sieh dir diese unglaubliche Wahrheit an. Uns wird gesagt, dass wir die Salbung des Heiligen haben. Wie viele Menschen sind mir schon nachgelaufen, um meine Salbung zu erhalten. Immer wieder erkläre ich ihnen, warum das keinen Sinn macht. Denn jeder einzelne Christ hat genau die gleiche Salbung, nämlich die von dem Heiligen.

Warum solltest du die Salbung eines Menschen begehren, wenn du durch die Salbung Gottes leben kannst, die bereits in deinem Geist ist? Der Grund, warum manche Menschen mehr Salbung erleben als andere, hat nichts mit Gott zu tun, sondern mit ihrem eigenen Herzen.

Laut Johannes hat jeder Christ nicht nur eine Salbung des Heiligen, sondern wir wissen zudem alle Dinge. *Wissen* meint im ursprünglichen Kontext *intuitiv wahrnehmen*. All das Wissen, das du von Gott brauchst, ist in deinem Geist hinterlegt. Die Fülle dessen, was nötig ist, um ein Leben im Sieg, im Überfluss, im Erfolg, im Frieden usw. zu führen, ist in deinem Geist deponiert. Warum leben einige Christen also in einer scheinbar größeren Salbung als andere? Die meisten Menschen führen es entweder auf Gott zurück, der jenen ein höheres Maß an Salbung gegeben hat, oder auf ein heiligeres und hingebungsvolleres Leben dieser Menschen. Beides ist falsch. In Wahrheit haben sie gelernt, ihr Herz auszurichten und das Richtige in ihrem Herzen zu glauben.

In dem Moment unserer Errettung legte Gott alles, was er ist und hat, in unseren Geist hinein. Gottes Leben ist in uns. Gottes Weisheit ist in uns, ebenso seine Führung und sein Wissen. Wir haben so vieles verdreht, weil wir nicht verstanden haben, wie das Herz funktioniert. Ständig bitten wir Gott darum, zu uns zu sprechen, obwohl Gott in Wirklichkeit ein kommunikativer Gott ist, der immer mit uns spricht. Es ist unser Herz, das uns daran hindert, zu hören, was Gott zu unserem Geist sagt.

An einem Samstagmorgen, ich befand mich auf einer Konferenz im Süden Brasiliens, bat ich den Gastgeber der Konferenz, mir zu erlauben, den ganzen Vormittag in meinem Hotelzimmer zu verbringen. Ich beschloss, nichts anderes zu tun, als die komplette Zeit mit Jesus zu verbringen. Als ich mein Herz zur Ruhe gebracht hatte, hörte ich stundenlang die Stimme Gottes, ohne Ende. Ich erinnere mich, wie mein Herz von Dankbarkeit überwältigt wurde und ich mit Tränen in den Augen zum Herrn sagte: „*Herr, ich danke dir so sehr, dass du unaufhörlich zu mir sprichst.*" Die Antwort, die der Herr mir gab, ließ mein Herz vor Freude explodieren. Er sagte: „*Reinhard, ich rede immer. Ich möchte dir danken, weil du dir die Zeit nimmst, mir zuzuhören.*"

VON INNEN, NICHT VON AUSSEN

Wir wurden durch Religion dazu erzogen, mit Gott von außen her in Beziehung zu treten statt von innen heraus. Unsere Herzen sind dadurch unsensibel für seine Stimme geworden. Deshalb können die Informationen aus unserem Geist nicht zu uns durchdringen. Wir wurden darauf trainiert, alles, was wir von Gott brauchen, aus äußeren Quellen zu beziehen anstatt aus dem Geist in uns. Du kannst direkt aus deinem Geist auf göttliche Heilung zugreifen, wenn dein Herz nur daran glauben würde. Doch anstatt uns die Zeit zu nehmen, um unser Herz zu verändern, jagen wir lieber einem "gesalbten" Prediger hinterher, der uns die Hände auflegt und uns das Wunder von außen bringt.

Ich habe die Heilung von tausenden Menschen erlebt, was mich begeistert und gleichzeitig traurig macht. Es begeistert mich zu sehen, wie die Güte und Liebe Gottes zu den Menschen gebracht wird. Traurig macht es mich, weil die Menschen nicht lernen, selbst auf die Heilung zuzugreifen, die bereits in ihrem eigenen Geist vorhanden ist.

> **Epheser 3,20:** Dem aber, der weit über die Maßen mehr zu tun vermag als wir bitten oder verstehen, gemäß der Kraft, die in uns wirkt.

Hier wird uns von Paulus klar und deutlich gesagt, dass die Kraft Gottes in uns wirkt. Was also bringt uns Menschen dazu, ständig der Kraft nachzujagen, die von außen kommt? Die ganze Zeit über ist die Kraft doch in uns!

> **Lukas 6,45:** Der gute Mensch bringt aus dem guten Schatz seines Herzens das Gute hervor, und der böse Mensch bringt aus dem bösen Schatz seines Herzens das Böse hervor; denn wovon sein Herz voll ist, davon redet sein Mund.

Der Schatz liegt im Herzen, das sagte sogar Jesus. Da alles, was wir brauchen, in uns ist, aber nicht freigesetzt werden kann, solange es nicht vom Herzen über das Gehirn in den Körper gelangt, müssen wir für einen guten Zustand unseres Herzens sorgen. Für mich ist dieser Bibelvers ein weiterer Beweis, dass die Erkenntnisse der Wissenschaft tatsächlich biblisch korrekt sind.

Viele Jahrhunderte lang dachte man, das Gehirn würde den Körper steuern. Ich glaube das nicht, da ich in diesem Punkt mit der Bibel übereinstimme. Interessanterweise sagte Jesus nie, dass der Mund redet, was das Gehirn vorgibt. Jesus benannte ganz eindeutig das Herz als Ursprungsort unserer Worte. Sobald das Gehirn unserem Mund den Befehl erteilt, Worte von sich zu geben, hat es in Wirklichkeit nur die Gedanken des Herzens verarbeitet. Das müssen wir verstehen.

Das Herz wird immer einen Weg finden, sich auszudrücken. Wenn du negative Erinnerungen in den Zellen deines Herzens gespeichert hast, wirken diese sich auf jede einzelne deiner Körperzellen aus. Oft wird das Ergebnis Krankheit sein, die nichts anderes ist als ein Ausdruck des Herzens. Sollte dein Herz keinen anderen Weg finden, um die in seinen Zellen gespeicherten negativen und schmerzhaften Erinnerungen auszudrücken, wird es sie durch Erkrankungen oder zwanghaftes Verhalten zum Ausdruck bringen.

Es gibt zahlreiche Studien über Krankheiten, die offenbar keinen physischen Ursprung haben, und die meisten Ärzte sind darauf geschult, lediglich die Symptome zu behandeln. Kürzlich unterhielt ich mich mit einem Arzt, der dabei zu mir sagte: *„Wir Ärzte wissen, dass wir keine Krankheiten heilen können."*

Ich hörte eine Geschichte über eine Frau, die ständig krank war und keine Heilung erfuhr, egal wie viele Spezialisten sie aufsuchte. Die Ärzte konnten keine körperliche Ursache für ihre Krankheit feststellen. Dann fanden sie heraus, dass diese Frau bereits als kleines

Mädchen sehr krank gewesen ist, was sie emotional extrem angestrengt hatte. Damals äußerte ein Arzt gegenüber ihren Eltern, dass sie immerfort krank sein werde. Das kleine Mädchen nahm diese Worte in ihrem Herzen als Wahrheit an. Als diese Frau ihren Herzensglauben änderte, wurde sie vollständig geheilt.

GEISTLICH WACHSEN

Für wahres geistliches Wachstum und Reife ist echte Herz-Kohärenz, also Einklang im Herzen, erforderlich. Wir können dem Herzen etwas beibringen. Es ist belehrbar. Doch es wird nicht bevorzugt auf das hören, was du tust. Die Lektionen, die es sich am tiefsten *zu Herzen nimmt*, sind nicht die rein intellektuellen Gedanken des Bewusstseins, sondern die damit verbundenen Werte und Emotionen.

Ein Mensch kann zum Beispiel in seinem Verstand glauben, dass Gott gut ist und alle Menschen geliebt und mit Respekt behandelt werden müssen. Doch nur, wenn er dementsprechend plant und seine Mitmenschen auch so behandelt, als seien diese Dinge wahr, wird sein Herz ebenfalls glauben, dass sie wahr sind. Falls sein Verstand das Prinzip der Liebe zwar bejaht, er jedoch plant, seinem Bruder Schaden zuzufügen, wird sein Herz die Haltung des Hasses lernen. Du kannst dem Herzen also nichts Irreales beibringen. Das wird es nicht lernen.

UNSER GEIST HAT DIE OFFENBARUNG

Ich liebe den Abschnitt im 1. Korintherbrief, in dem Gott über die Dinge des Geistes spricht.

> **1. Korinther 2,9-16:** sondern, wie geschrieben steht:
>
> »Was kein Auge gesehen und kein Ohr gehört und keinem Menschen ins Herz gekommen ist, was Gott denen bereitet hat, die ihn lieben«.
>
> Uns aber hat es Gott geoffenbart durch seinen Geist; denn der Geist erforscht alles, auch die Tiefen Gottes. Denn wer von den Menschen kennt die Gedanken des Menschen als nur der Geist des Menschen, der in ihm ist? So kennt auch niemand die Gedanken Gottes als nur der Geist Gottes. Wir aber haben nicht den Geist der Welt empfangen, sondern den Geist, der aus Gott ist, sodass wir wissen können, was uns von Gott geschenkt ist; und davon reden wir auch, nicht in Worten, die von menschlicher Weisheit gelehrt sind, sondern in solchen, die vom Heiligen Geist gelehrt sind, indem wir Geistliches geistlich erklären.
>
> Der natürliche Mensch aber nimmt nicht an, was vom Geist Gottes ist; denn es ist ihm eine Torheit, und er kann es nicht erkennen, weil es geistlich beurteilt werden muss. Der geistliche Mensch

> dagegen beurteilt zwar alles, er selbst jedoch wird von niemand beurteilt; denn »wer hat den Sinn des Herrn erkannt, dass er ihn belehre?« Wir aber haben den Sinn des Christus.

Hier heißt es, dass die tiefen Dinge Gottes nicht in die Herzen der Menschen gedrungen sind, was in diesem Zusammenhang die gute Nachricht vom vollbrachten Werk des Kreuzes meint. Ich habe Menschen sagen hören, hier stünde, dass wir die tiefen Dinge Gottes nicht wissen können. Wenn du den Text jedoch genau studierst, wirst du sehen, dass Paulus sagt, Gott *hat* sie uns durch seinen Geist geoffenbart. Diese Dinge sind nicht in die Herzen von Ungläubigen gelangt. Das geht aus dem Kontext hervor. Wir jedoch, die wir Christen sind, kennen all diese wunderbaren Geheimnisse Gottes *in* unserem Geist. Deshalb ist es umso wichtiger, dafür zu sorgen, dass unser Herz ein reiner Filter ist, ansonsten werden diese kraftvollen Wahrheiten sich nicht auf unser Leben auswirken.

Denk daran, der Geist kommuniziert mit unserem Herzen, und das Herz gibt es an das Gehirn weiter. Wird die Botschaft vom vollbrachten Werk des Kreuzes in deinem Herzen verzerrt oder verdreht, bringt sie dir nicht nur keinen Nutzen, sondern sie kann sogar zerstörerisch wirken, indem du zu einer extrem religiösen Person wirst.

BEKENNTNIS

Jesus, wie sehr ich dich liebe! Wenn ich daran denke, wie kraftvoll dein Erlösungswerk ist und wie erstaunlich du meinen Geist erschaffen hast, ist mein Herz voller Dankbarkeit. Danke, dass ich eine neue Schöpfung bin und durch dich, der du in mir lebst, alle Dinge weiß.

KAPITEL 8

DAS BILD MALEN

Unser Herz denkt nicht rational. Wie ich bereits in diesem Buch erwähnte, denkt es in Bildern, die anschließend im Gehirn verarbeitet werden. Ich beschreibe unser Herz gern als eine Leinwand, auf der wir ein Bild malen. Die Farbe ist das Wort Gottes und die Pinsel sind Meditationen. Das Bild ist das Leben, das Gott für uns vorbereitet hat. Falls du also beispielsweise kein Bild eines gesunden Körpers auf die innere Leinwand deines Herzens gemalt hast, wird es für dich sehr schwer, wenn nicht sogar unmöglich sein, deine Heilung anzunehmen.

Indem du lernst, deine Augen zu schließen und dich mit deinem eigenen Herzen zu verbinden, wirst du feststellen, dass bereits viele Bilder auf diese gottgegebene Leinwand gezeichnet sind. Hast du das Bild eines erfolgreichen, erfüllten, gesunden und siegreichen Lebens gemalt, wird das zu deiner Erfahrung werden. Selbst wenn du in deinem Leben durch schwierige Momente gehst, wird dich das nicht beunruhigen oder frustrieren. Tief in deinem Inneren wirst du wissen, das von dir gemalte Bild ist die Wahrheit.

Erlaube mir, hier meine eigene Erfahrung zu teilen. Als ich acht Jahre alt war, hat Gott sehr deutlich zu mir gesprochen und mich berufen, ihm zu dienen. Mit 15

Jahren begann ich, im Vertrieb zu arbeiten, und ich hatte viele – sogar landesweit anerkannte – Erfolge. In meinen Teenagerjahren folgte ich dem Ruf Gottes und hielt mit 16 meine erste Predigt. Wir waren eine Gruppe von Jugendlichen, die anfingen, das Evangelium zu predigen. Menschen wurden gerettet und Gemeinden entstanden. Nach sechs Jahren Ehe und zwei kleinen Kindern im Alter von zwei und vier Jahren sprach Gott deutlich zu Debi und mir, ich solle meinen Job als Verkäufer aufgeben und mich ganz der Verkündigung des Evangeliums widmen.

Ich hatte ein sehr fundiertes Wissen der Bibel und kannte zahlreiche Verse über Gottes Versorgung. Ich war in der Lage, sie zu zitieren, zu predigen und zu lehren, wenn ich das wollte. Etliche finanzielle Schwierigkeiten, die wir durchliefen, wurden nicht durch fehlende Kenntnis von Schriftstellen in meinem Verstand verursacht. Sie waren vielmehr die direkte Folge des falschen Bildes, das ich auf mein Herz gemalt hatte. Aufgrund meiner religiösen Erziehung war ein Bild der Armut gezeichnet worden, und ich erinnere mich noch genau an den Tag, an dem Gott mich herausforderte und mich bat, dieses Bild zu übermalen.

Wie ich wusste, lehrt die Bibel eindeutig, dass Gott ein guter Vater ist, der mich vollständig versorgen will. In meinem eigenen Herzen sah ich mich dennoch in einem Zustand der Armut. Als ich mir die Zeit nahm, dieses Bild neu zu gestalten, indem ich über die Wahrheiten des Wortes Gottes meditierte, fing ich an, unglaubliche übernatürliche Versorgung zu erleben.

Überlege einmal, was Jesus getan hat, als er seinen Dienst begann. Er lehrte seine Jünger, Bilder auf ihre Herzen zu malen. Er sagte ihnen nicht einfach, sie sollten Gott vertrauen, der für sie sorgen würde. Jesus wies sie ganz klar an, die Vögel und die Blumen zu betrachten und zu sehen, wie Gott diese reichlich versorgte. Das war nichts anderes als eine Einladung an sie, ihre Herzen zu verändern, indem sie ein neues Bild darauf zeichneten.

Unser Herz ist wie ein Wassertank und unser Mund wie der Wasserhahn. Wenn der Wassertank schmutzig ist, nutzt es nichts, den Hahn zuzudrehen. Der Tank, also unser Herz, muss gereinigt werden. Ich liebe es, über den Glauben zu predigen, vor allem ausgehend von der wunderbaren Lehre Jesu in Markus 11,22-23. Dort lehrte er seine Jünger, wenn sie mit Glauben zu dem Berg sprächen und nicht in ihrem Herzen zweifelten, würden sie erleben, was sie zuvor ausgesprochen hatten.

Interessanterweise sagte Jesus nicht nur, sie müssten glauben, ohne zu zweifeln, sondern er bekräftigte ausdrücklich, dass sie *in ihrem Herzen* nicht zweifeln sollten. Erinnere dich, dein Herz denkt in Bildern. Wenn du mit dem Berg sprichst, wird er niemals verschwinden, solltest du ihn nach wie vor in deinem Herzen sehen.

Zweifel zeichnen in deinem Herzen ein Bild des Versagens, der Niederlage, der Krankheit usw. Wir finden dieses Prinzip mehrfach in der Bibel. Als Gott Gideon gebrauchte, um einen großen Sieg für das Volk Gottes zu erringen, schenkte er seinen Feinden einen Traum. Durch diesen Traum malten sie ein Bild auf ihre Herzen. Sie sahen ein Gerstenbrot, das den Berg hinunterrollte und die Zelte zerstörte. Als dieses Bild auf ihre Herzen gemalt wurde, entfaltete es sich zur Realität.

Denke an die zehn Kundschafter. Auch sie zeichneten ein negatives Bild auf ihr Herz. Sie sahen sich selbst als Heuschrecken in den Augen der Feinde und sogar in ihren eigenen Augen. Weil sie sich entschieden hatten, dieses Bild zu kreieren, konnten sie das Gelobte Land, das ihnen bereits gegeben worden war, nicht betreten.

Erinnern wir uns an unseren Glaubensvater, Abraham. Gott versprach ihm nicht nur einen Sohn und viele Nachkommen, sondern er bat ihn auch, ein Bild auf sein Herz zu malen. Er gab ihm die klare Anweisung, auf die Sandkörner des Meeres und auf die Sterne am Himmel zu schauen. Als er das tat, zeichnete er ein Bild auf sein Herz, das zur Realität wurde.

In diesem Augenblick befindet sich ein Bild auf der Leinwand deines Herzens, auf dem du im Mittelpunkt stehst. Nimm dir nach dem Lesen dieses Abschnitts einen Moment Zeit, um die Augen zu schließen, tief durchzuatmen und dich zu entspannen. Schaue in dich hinein, auf die Leinwand deines Herzens, um zu sehen, welches Bild dort von dir gemalt ist. Denke insbesondere an folgende Bereiche: deine Finanzen, deine Beziehungen zu deinen Liebsten, deine Beziehung zu Gott und deine Arbeitssituation. Nimm dir anschließend ein Blatt Papier und schreibe auf, wie das Bild aussieht, das du in jedem dieser Bereiche über dich selbst gezeichnet hast.

Ich garantiere dir, egal wie lange du den besten Predigern zuhörst oder wie viel du in der Bibel liest und betest, aus dir wird niemals ein anderes Du werden als das, welches heute schon dort auf dein Herz gemalt ist.

DIE RICHTIGE FARBE VERWENDEN

Dein Herz ist die Leinwand, die Vorstellungskraft und Meditationen sind die Pinsel, du bist der Maler; doch es existieren verschiedene Arten von Farben.

Es gibt keinen einzigen Menschen, der schon eine Weile auf dieser Welt lebt und noch nichts auf sein Herz gezeichnet hätte. Jeder von uns malt automatisch, indem wir verschiedene Bilder in unseren Herzen kreieren. Es ist sehr traurig, wenn Menschen vergangene Erfahrungen, die Meinung anderer Menschen, religiöse Lügen oder ihre Erziehung als Farbe benutzen.

Wenn du deine negativen Erfahrungen nimmst und darüber nachsinnst, malst du ein Bild auf dein Herz. Ist dieses Bild erst einmal gezeichnet, wirst du es genauso erleben. Wenn du also ständig darüber nachdenkst, was dir in der Vergangenheit widerfahren ist, meditierst du über diese Dinge, wodurch sie immer wieder neu auf die Leinwand gemalt werden.

Als ich klein war, war ich eins von 10 Kindern und wuchs in relativer Armut auf. Ich erinnere mich, dass ich oft hungrig ins Bett ging und in der Schule ausgelacht wurde, da ich Kleider trug, die andere Kinder weggeworfen hatten. Diesen fürchterlichen Farben hatte ich noch religiöse Farben beigemischt. Es waren aus dem Zusammenhang gerissene Bibelverse, die mir sagten, dass Gott es hasst, wenn Menschen reich sind, und es liebt, wenn sie arm sind. Damit hatte ich auf mein Herz das Bild eines Reinhards gemalt, der immer nur gerade genug haben wird.

Als Erwachsener habe ich wirklich nach bestem Wissen und Gewissen gehandelt und ernsthaft alles versucht, um an Gottes Versorgung für meine Familie zu glauben. Erst durch die weisen Worte meiner wunderbaren Frau, die mir in die Augen schaute und mit Nachdruck sagte: *„Du hast einen Armutsgeist"*, wurde ich mit dem Gemälde meines Herzens konfrontiert. Zudem schenkte mir mein liebender Vater im Himmel eine Reihe prophetischer Träume, in denen er mir das Bild zeigte, das er gern auf mein Herz gemalt sehen wollte. Daraufhin entfernte ich sorgsam das alte Bild aus meinem Herzen, indem ich ihm entsagte und mithilfe meiner Phantasie und meiner Gedanken ein neues Bild gestaltete.

Als ich aufgab, mein Herz selbst neu zu bemalen, war nach und nach das Wort Gottes die Farbe, die mein Bild veränderte. Plötzlich sah ich einen Reinhard, dem es niemals an etwas mangeln wird, der immer Gottes Güte erfährt und sich an der Versorgung und der Freundlichkeit Gottes erfreut.

Ich kann mich noch genau daran erinnern, als ich durch Meditation am Malen war und der Moment kam, in dem ich ganz deutlich ein anderes Ich in meinem eigenen Herzen sah. Mit einem breiten Lächeln kam Jesus auf mich zu und überreichte mir mit strahlenden Augen einen großen Blankoscheck, wie man ihn bei Spiel-Shows oder bei einem Lottogewinn erhält. Es stand mein Name darauf und er war in roter Tinte mit *Jesus Christus* unterzeichnet. Während ich in meinem Herzen meditierte, fragte ich Jesus, warum er den Betrag meiner Versorgung nicht darauf geschrieben hatte. Er antwortete:

„Ich habe ihn frei gelassen, damit du den Betrag selbst wählen kannst."

Hätte ich mir nicht die Zeit genommen, das Bild in meinem Herzen zu verändern, würde Brazilian Kids Kare heute nicht solch eine Versorgung erleben.

WER BIST DU IN CHRISTUS?

Du musst die Wahrheiten, wer du in Christus bist und was du in ihm hast, aus Gottes Wort nehmen und deine Leinwand damit gestalten. Je klarer dein Bild wird, desto mehr wirst du davon erleben. Jeder Christ sollte in Gesundheit, Frieden, Wohlstand, Freude und der Ruhe Gottes leben.

Nur zu oft glauben wir fälschlicherweise, die Probleme lägen an unseren Umständen, was natürlich nicht stimmt. Das wahre Problem sind unsere falschen Herzensüberzeugungen. Selbst wenn es uns durch viel eigene Anstrengung gelingt, die negativen Lebensumstände zu verändern, werden wir das zugrundeliegende Problem nicht lösen. Wir werden uns nur ständig verausgaben und uns von einer schwierigen Situation zur nächsten durchkämpfen. Sobald wir jedoch unseren Herzensglauben verändern, werden die Umstände uns nicht mehr beeinträchtigen. Letztendlich bekommen wir immer das, was unser Herz glaubt.

Vor vielen Jahren habe ich in den sozialen Medien die Frage gestellt: *„Was ist aktuell dein größtes Problem?"* Ich bekam keine einzige zufriedenstellende Antwort. Unzählige

Menschen erzählten mir von ihren schwierigen Lebensumständen. Am Ende sagte ich ihnen, dass es mir zwar leidtue und ich angesichts der Schwierigkeiten, die sie durchmachten, Mitgefühl mit ihnen hätte, doch ihr größtes Problem sei ihr falscher Herzensglaube.

DIE HARTNÄCKIGSTEN BOTSCHAFTEN

Der Einfluss des religiösen Denkens hat nach meiner Überzeugung in unseren Herzen mehr Schaden angerichtet als der Einfluss von Sünde. Die Gefahr und Zerstörung durch Sünde sind mir durchaus bewusst und ich weiß, wie abstoßend sie für Gott ist. Ich weiß auch, dass durch Sünde Leben zugrunde gerichtet werden. Doch wenn Sünder das vollbrachte Werk des Kreuzes annehmen, also das wahre Evangelium, habe ich oft beobachtet, wie schnell sich ihre Herzen verändern, weil sie die Wahrheiten aus Gottes Wort ergreifen. Schau dir Saulus an, der sich selbst als größten Sünder bezeichnete, weil er Christen ermordet hatte. Er begegnete Jesus und wurde innerhalb weniger Tage radikal verändert.

Die Botschaften, die sich am schwersten löschen und neu schreiben lassen, sind falsche religiöse Glaubenssätze, die wir auf unser Herz geschrieben haben, vor allem jene, die durch Bibelverse gestützt wurden. Diese Botschaften haben tiefe Wurzeln in unseren Herzen geschlagen. Sie behaupten hartnäckig, die Wahrheit zu sein, und bezeichnen alles andere als Lüge. Sobald wir die Kraft unseres Herzens und unserer Herzensüberzeugungen verstehen, können wir uns von diesen religiösen Lügen befreien und zu Menschen mit einem verständigen Herzen werden.

Denke zum Beispiel an das Thema des Zehnten. Würdest du die Bibel wirklich neutral studieren, als hättest du keine Meinung dazu, müsstest du erkennen, dass der Zehnte im Leben eines Christen, der unter dem wunderbaren Neuen Bund lebt, absolut keinen Sinn ergibt. Trotzdem werden Menschen, die Jesus lieben, ihm dienen und ihm nachfolgen wollen, ihren Glauben an den Zehnten energisch verteidigen. So etwas lässt sich in vielen Bereichen religiöser Überzeugungen beobachten.

Wenn wir die Bibel verwenden, um ein Bild auf unser Herz zu zeichnen, wird es ein kraftvolles Bild werden. Die Gefahr dabei ist jedoch, dass wir ein falsches Bild kreieren, weil wir es nicht in Übereinstimmung mit dem vollbrachten Werk des Kreuzes gemalt haben. Denke an den Apostel Petrus in Apostelgeschichte 10. Er diskutierte sogar mit Gott höchstpersönlich, nachdem dieser ihn in Trance versetzt und ihm dreimal gesagt hatte, er solle das Fleisch essen. Petrus hatte einen falschen Herzensglauben (basierend auf dem mosaischen Gesetz), der mit *‚biblischen Wahrheiten‘* untermauert wurde, und Gott musste ihn hinsichtlich dieser Überzeugungen konfrontieren. Andernfalls hätte es das Evangelium nie nach Europa geschafft.

Die Pharisäer waren Menschen, die Schwierigkeiten hatten, Jesus und seinen wunderbaren Dienst zu akzeptieren. Oft denken wir, sie seien einfach böse Menschen gewesen, doch ich kann ihre Schwierigkeiten verstehen.

Alles lag an ihren Herzen. Diese waren voller Glaubenssätze, untermauert mit Schriftstellen, die es ihnen so schwer machten, sich zu verändern. Natürlich wissen wir, dass diese Bilder falsch waren. Ich will damit aufzeigen, wenn unser Herz einen falschen Glauben hat, der mit Hilfe von fehlinterpretierten Bibelversen entstanden ist, müssen wir umso sorgsamer und hartnäckiger daran arbeiten, diese Überzeugungen zu verändern.

BEKENNTNIS

Vater im Himmel, du bist so gut. Du hast mir alles zur Verfügung gestellt, was ich brauche. Du hast mir die Farbe, den Pinsel und die Leinwand gegeben. Von nun an werde ich gewissenhaft fantastische Bilder auf mein Herz malen, die dich verherrlichen und deinen großartigen Sieg am Kreuz durch Jesus widerspiegeln.

KAPITEL 9

EIN VERSTÄNDIGES HERZ

Wenn wir uns mit dem Herzen beschäftigen, können wir gar nicht genug betonen, wie wichtig es ist, ein verständiges Herz zu haben. Solch ein Herz nimmt gute Dinge wahr, im Gegensatz zu einem verkehrten Herzen, welches das Gute nicht erkennt.

> **Sprüche 8,5:** Ihr Unverständigen, werdet klug, und ihr Toren, gebraucht den Verstand!

Andere Übersetzungen bringen die Bedeutung des Verses besser zum Ausdruck, denn es heißt dort, dass ein Tor sein Herz zur Einsicht bringen soll. Interessanterweise fordert demnach die Bibel sogar törichte Menschen heraus, ein verständiges Herz zu haben, was für mich ganz klar bedeutet, dass jeder für sein eigenes Herz verantwortlich ist. Gott würde den Toren niemals sagen, sie sollten ein verständiges Herz haben, wenn die Verantwortung dafür nicht bei ihnen selbst läge.

Eine der Bedeutungen des Wortes *verständig* ist *ein Herz, das korrekt wahrnehmen kann.* Da wir der Religion und unseren Erfahrungen aus der Vergangenheit erlaubt haben, unser Herz mit zahlreichen Lügen zu beschmieren, die dem entgegenstehen, was Gott sagt, wurde unser

Herz verdreht. Mit solch einem verkehrten Herzen können wir Dinge nicht mehr klar wahrnehmen. Wir leben also mit einer verzerrten Wahrnehmung. Doch die eigentliche Tragödie besteht darin, dass die meisten Menschen glauben, ihre Wahrnehmung der Dinge sei tatsächlich die Wahrheit. Deshalb ist es im Prozess unserer Herzensveränderung absolut wichtig, die Funktionsweise der Wahrnehmung und unseren Umgang mit ihr zu verstehen.

Die Art und Weise, wie das Herz mit dem Gehirn kommuniziert, hat einen erheblichen Einfluss darauf, wie wir Dinge wahrnehmen und auf die Welt um uns herum reagieren. Das lernte ich bei meinen wissenschaftlichen Studien. Ein unverständiges Herz gibt also falsche Informationen an das Gehirn weiter, weil es Dinge falsch wahrnimmt.

Ich habe oft selbst fälschlicherweise gesagt: *„Diese Person hat ein so wunderbares Herz.“* Die Wahrheit ist, niemand kennt das Herz eines anderen Menschen. Oft haben wir blinde Flecken und sehen nicht einmal unsere eigenen Herzensproblematiken. Meines Erachtens sollten wir nicht in unserer Vergangenheit wühlen und nach Problemen im Herzen suchen, die in Ordnung gebracht werden müssen. Vielmehr sollten wir dem Heiligen Geist erlauben und ihn bitten, unser Herz zu erforschen und uns die Bereiche zu offenbaren, in denen Veränderung nötig ist.

In den Jahrzehnten meines Dienstes für Jesus saß ich sicher schon mit Hunderten von Menschen zusammen, deren Leben zerstört wurde, weil sie sehr schlechte Entscheidungen hinsichtlich anderer Personen getroffen hatten. Sie gingen enge Beziehungen ein oder schlossen Geschäftspartnerschaften, nur weil sie dachten, sie würden das Herz des anderen kennen. Sie glaubten fälschlicherweise, allein weil sich jemand Christ nennt, sei er ein zuverlässiger und guter Geschäfts- oder Ehepartner. Die Welt besitzt in diesen Bereichen mehr Weisheit als etliche Christen. Man recherchiert, schließt rechtsgültige Verträge und trifft klügere Entscheidungen.

Ich habe gelernt, dass ich das Herz keines anderen Menschen kenne, noch nicht einmal mein eigenes. Falls wir unser Herz nicht bewahren, ist jeder von uns fähig, Böses zu tun, denn das Herz kommuniziert mit dem Gehirn und das Gehirn mit dem Körper. Der netteste Mensch von heute kann morgen ein Dieb, Lügner oder sogar Mörder sein, sollte er sein Herz nicht behüten.

Heute wissen wir, dass jede Zelle in unserem Körper ein Gedächtnis hat. Die Erinnerungen darin steuern unser Handeln, damit wir uns so verhalten, wie unser Herz glaubt. Ist dein Herz beispielsweise davon überzeugt, dass du immer abgelehnt wirst, gelangt diese Information durch das Gehirn in jede Zelle deines Körpers und ruft ein Verhalten hervor, das andere dazu bewegt, dich tatsächlich abzulehnen. Daraufhin gibst du anderen, Gott oder dem Teufel die Schuld dafür und bekräftigst somit erneut deinen falschen Herzensglauben. Dann wirst du Sätze sagen wie: *„Ich wusste, das würde passieren. Ich wusste, diese Menschen würden mich ablehnen. Ich wusste, sie lieben mich nicht.*“Jetzt steckst du in einem Teufelskreis. In Wahrheit *wusstest* du nicht, dass du abgelehnt werden würdest, sondern deine Ablehnung war vielmehr eine Folge deines falschen Herzensglaubens. Wenn du bereit bist, diese Überzeugung in deinem Herzen zu ändern, wirst du herausfinden, dass Menschen dich lieben und annehmen.

Wir müssen uns wirklich ernsthaft nach einem verständigen Herzen sehnen. Ich habe das bei unserem Sohn Kleiton erlebt. Als er zu uns kam, war er schulisch weit im Rückstand. Im ersten Schuljahr engagierten wir drei Privatlehrer neben seinen regulären Schullehrern. Er machte wunderbare Fortschritte. Eines Tages musste er eine sehr schwierige Aufgabe lösen. Ein Video sollte von ihm aufgenommen werden, während er den kompletten Abschnitt eines sehr komplexen Textes las, ohne einen einzigen Fehler zu machen. Die Aufgabe war Teil einer Gruppenarbeit, bei der alle einen Abschnitt aufnehmen mussten. Er las den Text viele Male, bevor seine Lehrerin das Video startete. Nach langer Zeit und vielen Versuchen, den Text fehlerfrei zu lesen, gab er jedoch auf und weigerte sich, die Anforderung zu erfüllen.

Nachdem die Lehrerin unser Haus verlassen hatte, sagte ich zu Kleiton, er habe keine andere Wahl, als die Aufgabe zu erledigen. Mit großer Überzeugung erwiderte er mir, dass er niemals in der Lage sein würde, diese Aufgabe zu lösen. Nach etwa zehn weiteren erfolglosen Versuchen realisierte ich, dass es die Wahrnehmung seines Herzens war, die ihn blockierte. Sein Gehirn erhielt die falschen Informationen, wodurch der Körper tatsächlich nicht fähig war, die Aufgabe zu erledigen. Dann legten wir alles beiseite und arbeiteten gemeinsam an seinem

Herzen. Als er es davon überzeugt hatte, dass Christus in ihm lebt, er Gottes Weisheit und Fähigkeit besitzt und dass er durch Christus alles erreichen kann, holten wir erneut die Kamera hervor und er nahm alles fehlerfrei auf.

DAS WAHRE PROBLEM VERSTEHEN

Die meisten Probleme in deinem Leben haben nichts mit Gott oder dem Teufel zu tun, sondern mit den falschen Überzeugungen deines eigenen Herzens.

> **Sprüche 28,14:** Wohl dem Menschen, der beständig in der Furcht ⟨Gottes⟩ bleibt; wer aber sein Herz verhärtet, wird ins Unglück stürzen.
>
> **Matthäus 12,35:** Der gute Mensch bringt aus dem guten Schatz des Herzens das Gute hervor, und der böse Mensch bringt aus seinem bösen Schatz Böses hervor.
>
> **Markus 16,14:** Danach offenbarte er sich den Elfen selbst, als sie zu Tisch saßen, und tadelte ihren Unglauben und die Härte ihres Herzens, dass sie denen, die ihn auferstanden gesehen hatten, nicht geglaubt hatten.

Im ersten Vers heißt es, wenn unser Herz verhärtet ist, werden wir ins Unglück stürzen. Durch unser geringes Verständnis vom Herzen haben wir entweder Gott oder den Teufel für viele unserer Probleme verantwortlich gemacht. Die Schrift sagt jedoch, wir stürzen wegen unseres eigenen Herzens ins Unglück. Im nächsten Vers erklärt Jesus uns, dass wir Gutes oder Böses aus unseren eigenen Herzen hervorbringen. Sobald wir diese Wahrheiten verstehen und darauf achten, ein gutes Herz zu haben, werden wir in unserem Leben ständig ausgezeichnete Früchte ernten.

Schau dir den letzten Vers an, als Jesus den elf Jüngern erschienen ist. Selbst nachdem er von den Toten auferstanden war, rügte Jesus sie noch. Unglaube wird immer entsetzliche Probleme verursachen und schwerwiegende Folgen haben. Oft ist er die direkte Folge eines verhärteten Herzens, so wie auch in diesem Fall.

VOM FALSCHEN BAUM ESSEN

Unsere Entscheidungen dürfen nicht von den Fragen *„Ist das Sünde oder nicht?“* oder *„Ist das gut oder böse?“* bestimmt werden. Gott verbot den Menschen, vom Baum der Erkenntnis von Gut und Böse zu essen, doch heutzutage essen die meisten Christen täglich davon. „Wie das denn?“, magst du fragen. Sie urteilen gemäß dem, was ihrer Meinung nach gut oder böse ist. Sie entscheiden, welchen Film sie anschauen, indem sie die Frage stellen: *„Ist er gut oder schlecht?“* Nach denselben Kriterien wählen sie auch aus, welche Geschäfte sie tätigen.

Die eigentliche Frage, die wir uns stellen sollten, ist: *„Wie beeinflusst das mein Herz?“*

Ich glaube, die Versuchung, von dem verbotenen Baum im Garten zu essen, war ein direkter Angriff auf ihre Herzen. Laut Aussage der Bibel gab die Frau der Versuchung nach, als sie sah, dass von dem Baum gut zu essen wäre. Das Wort *sah* bedeutet in der Originalsprache *betrachten oder sich darauf konzentrieren.* Von jedem Baum im Garten, den Gott ihnen zur freien Verfügung gestellt hatte, war ebenfalls gut zu essen und alle waren angenehm anzuschauen, aber die Frau richtete ihren Fokus auf diesen einen. Durch ihre Augen öffnete Eva das Tor zu ihrem Herzen und nahm eine Lüge als die Wahrheit an.

> **1. Mose 3,6:** Und die Frau sah, [anschauen, betrachten oder fokussieren] dass von dem Baum gut zu essen wäre, und dass er eine Lust für die Augen und ein begehrenswerter Baum wäre, weil er weise macht; und sie nahm von seiner Frucht und aß, und sie gab davon auch ihrem Mann, der bei ihr war, und er aß.

WIE MAN EIN VERSTÄNDIGES HERZ ERLANGT

Ein verständiges Herz bekommt man nicht, indem jemand einem die Hände auflegt, und auch nicht, wenn man zahlreiche Wunder und viel Übernatürliches sieht. Das Volk Israel sah jeden Tag Wunder und als es an der Zeit war, ins verheißene Land einzuziehen, hatten sie trotzdem kein verständiges Herz. Selbst die Jünger hatten, nachdem sie dreieinhalb Jahre lang Wunder erlebt hatten, kein verständiges Herz. Erinnere dich, ein verständiges Herz ist ein Herz, das die Dinge richtig wahrnimmt.

Hier sind einige Punkte, die dir helfen werden, ein verständiges Herz zu erlangen:

Erstens und vor allem, indem du Zeit mit Jesus verbringst. Einer der Hauptzwecke des Fastens im Neuen Bund ist es, mehr Zeit mit Jesus zu verbringen. Wenn du in stiller Meditation zu seinen Füßen sitzt, wird er dich lehren, ein verständiges Herz zu haben.

Zweitens, indem du dich entscheidest zu glauben. Der natürliche Mensch, besonders in der westlichen Welt, wurde trainiert, erst zu verstehen und dann zu glauben.

> **Hebräer 11,3:** Durch Glauben verstehen wir, dass die Welten durch Gottes Wort bereitet worden sind, sodass die Dinge, die man sieht, nicht aus Sichtbarem entstanden sind.

Gottes Weg ist andersherum, erst glauben wir und dann verstehen wir. Wenn wir den Wahrheiten in Gottes Wort glauben, werden unsere Herzen verständig.

Drittens, durch Meditation. Später in diesem Buch werde ich noch deutlicher auf die Kraft der Meditation eingehen. Mithilfe von Meditation beeinflussen wir unser Herz und schreiben die Botschaften neu.

> **Sprüche 3,3:** Gnade und Wahrheit werden dich nicht verlassen! Binde sie um deinen Hals, schreibe sie auf die Tafel deines Herzens.
>
> **Psalm 49,4:** Mein Mund soll Weisheit reden und das Denken meines Herzens verständig sein.

Der Psalmist sagt sehr deutlich, dass wir durch Meditation Verständnis erhalten. Ein Großteil der Einsicht, die ich in meinem Leben erlangt habe, entstand nicht durch prophetische Begegnungen, Erfahrungen mit Engeln oder göttliche Offenbarungen. Vielmehr meditierte ich treu über die Wahrheit des Wortes Gottes. Dadurch meißelte ich die Wahrheit und die Kraft des vollbrachten Werks am Kreuz tief in mein Herz ein.

WEISHEIT BEGEHREN

Weisheit ist etwas anderes als Wissen. Wissen ist die Menge an Informationen, die wir uns angeeignet haben. Weisheit ist der Weg, wie wir dieses Wissen anwenden. Es gibt Menschen, die viel Wissen erworben haben, ihr Leben ist dennoch ein einziges Chaos, weil sie entweder nicht verstehen, wie sie dieses Wissen anwenden können oder weil sie es nicht anwenden wollen. Das hat viel mit unserem Herzen zu tun. Uns wird gesagt, wir sollen Weisheit begehren und sie soll in unser Herz kommen (vgl. Sprüche 2,10). Begehren ist nichts Rationales, sondern eine Entscheidung, die wir von ganzem Herzen treffen. Wenn wir uns dafür entscheiden, der Weisheit nachzujagen, wird unser Herz verständig und wir können die ganze Güte Gottes erfahren und genießen.

Sieh dir diese Bibelverse genau an und lass sie Teil deines Alltags werden, indem du über sie meditierst und sie auf dein Leben anwendest.

> **Sprüche 2,1-7:** Mein Sohn, wenn du meine Worte annimmst und meine Gebote bei dir bewahrst, sodass du der Weisheit dein Ohr leihst und dein Herz der Einsicht zuwendest; wenn du um Verständnis betest und um Einsicht flehst, wenn du sie suchst wie Silber und nach ihr forschst wie nach Schätzen, dann wirst du die Furcht des Herrn verstehen und die Erkenntnis Gottes erlangen.
> Denn der Herr gibt Weisheit, aus seinem Mund kommen Erkenntnis und Einsicht.
> Er hält für die Aufrichtigen Gelingen bereit und beschirmt, die in Lauterkeit wandeln;
>
> **Sprüche 3,13-14:** Wohl dem Menschen, der Weisheit findet,
> dem Menschen, der Einsicht erlangt!
> Denn ihr Erwerb ist besser als Gelderwerb,
> und ihr Gewinn ist mehr wert als feines Gold.
>
> **Sprüche 3,21:** Mein Sohn, lass dies niemals aus den Augen;
> bewahre Überlegung und Besonnenheit!

Sprüche 4,5-9: Erwirb Weisheit, erwirb Verständnis;
vergiss sie nicht und weiche nicht ab von den Reden meines Mundes!
Verlass du sie nicht, so wird sie dich bewahren;
liebe du sie, so wird sie dich behüten!
Der Anfang der Weisheit ist: Erwirb Weisheit,
und um allen deinen Erwerb erwirb Verstand!
Halte sie hoch, so wird sie dich erhöhen;
sie wird dich ehren, wenn du sie umfängst.
Sie wird deinem Haupt einen lieblichen Kranz verleihen;
eine prächtige Krone wird sie dir reichen.

BEKENNTNIS

Herr, ich sehne mich wirklich danach, ein verständiges Herz zu erlangen. Ich will das Gute in allen Dingen, Menschen und Umständen wahrnehmen. Du hast für mich nicht weniger als ein Leben in Fülle geplant, und ich sehne mich danach, dass mein Herz alles sieht, was du für mich hast.

Kapitel 10

Ein verkehrtes Herz

Gleichwie wir die Bedeutung eines verständigen Herzens erkannt haben, müssen wir auch um die Gefahr eines verkehrten Herzens verstehen lernen.

> **Sprüche 17,20:** Wer ein verkehrtes Herz hat, findet nichts Gutes, und wer eine arglistige Zunge hat, fällt ins Unglück.

Das Wort, das hier mit *verkehrt* übersetzt wird, bedeutet in der Originalsprache *krumm, verdreht oder verzerrt.* Schauen wir uns diesen Vers genauer an, erkennen wir, dass das, was von uns oft als Temperament bezeichnet wird, in Wirklichkeit nichts anderes ist als ein Zustand des Herzens. Schon mehrmals habe ich die Fragen gehört: *„Bist du ein Optimist oder ein Pessimist?"*, *„Bist du introvertiert oder extrovertiert?"* oder *„Siehst du das Glas halb voll oder halb leer?"*.

In Wirklichkeit haben diese Dinge weniger mit unserem Temperament zu tun als vielmehr mit unserem Herzenszustand. Jemand, der ein verkehrtes, krummes, verdrehtes Herz hat, findet nichts Gutes. Das wird hier deutlich gesagt. Ich kenne Menschen, die immer nur das Negative sehen, egal was man ihnen erzählt. Sobald sie mit einer neuen Situation konfrontiert werden, sehen sie statt Chancen eher Gefahren und Probleme. Einige von ihnen entschuldigen dies durch ihre Erziehung und halten es für ehrenwert, so zu sein. Meiner Meinung nach sind ihre Herzen irgendwo auf ihrem Lebensweg verdreht worden.

Während du diese Zeilen liest, stell dir folgende Fragen: „*Wie ist meine erste Reaktion auf Schwierigkeiten?*“, „*Wie ist meine erste Reaktion auf herausfordernde Situationen?*“ und „*Was sind meine ersten Gedanken, wenn ich neue Aufgaben zu bewältigen habe?*“.

Solltest deine Reaktionen negativ sein, ist dein Herz verkehrt. Erst wenn du alle Ausreden loslässt und die volle Verantwortung für den Zustand deines Herzens übernimmst, kann es verständig werden, also in jeder Situation das Gute sehen. Es ist mein Wunsch, dass der Heilige Geist dir durch dieses Buch die Augen öffnet, damit du den wahren Zustand deines Herzens erkennen kannst.

Eine wichtige Frage, um deinen Herzenszustand wahrzunehmen, lautet: „*Ist es für dich natürlich, Gott zu vertrauen?*“ Ein verständiges Herz vertraut Gott, egal wie schwierig die Situation ist, während ein verkehrtes Herz das nicht tut. Was ist die erste Reaktion deines Herzens, wenn du gebeten wirst, eine schwierige Aufgabe zu übernehmen, vielleicht sogar etwas, das du noch nie gemacht hast? Denkst du etwa: „*Oh nein. Das kann ich nicht. Das ist unmöglich.*“ oder eher; „*Das ist sehr schwierig, aber ich bin in Christus und er ist in mir, also kann ich es tun, weil ich ihm vertraue und mir durch ihn alle Dinge möglich sind.*“?

Beide Antworten spiegeln jeweils die Befindlichkeit deines Herzens wider. Die erste kommt aus einem verkehrten, und die zweite aus einem verständigen Herzen.

> **Jeremia 17,5-6:** So spricht der Herr: Verflucht ist der Mann, der auf Menschen vertraut und Fleisch zu seinem Arm macht, und dessen Herz vom Herrn weicht! Er wird sein wie ein kahler Strauch in der Einöde; er wird nichts Gutes kommen sehen, sondern muss in dürren Wüstenstrichen hausen, in einem salzigen Land, wo niemand wohnt.

Dieser Vers beschreibt sehr treffend einen Menschen mit einem verkehrten Herzen. Denn selbst wenn das Gute kommt, wird er es nicht sehen.

Am Anfang, als unser Adoptivsohn Kleiton bei uns einzog, war sein Herz sehr verdreht. Jedes Mal, wenn er mit einer herausfordernden Situation konfrontiert wurde, sagte er sofort, das könne er nicht tun. Wir haben eine Tafel in unserem Esszimmer, die er damals für seine Unterrichtsstunden nutzte. Darauf schrieb ich, dass die Worte *unmöglich* oder *Ich kann nicht* verboten sind. Mir war klar, das Problem würde dadurch nicht gelöst werden, aber ich musste es ihm bewusst machen. Die wahre Lösung bestand darin, an seinem Herzen zu arbeiten. Innerhalb eines Jahres hatte sich sein Herz derart verwandelt, dass er nun das Gute sieht, nicht mehr das Schlechte.

Sieht dein Herz Gutes in Umständen, Menschen und verschiedenen Situationen oder bemerkt es immer zuerst das Negative?

Welches Bild hat dein Herz von Gott? Sieht es ihn als einen wunderbaren, liebenden, fürsorglichen Vater oder als einen zornigen, distanzierten, gefühllosen Gott, der dich und alles, was du tust, immer kritisiert? Die Beantwortung solcher Fragen wird dir helfen, den Zustand deines Herzens zu erkennen.

JESUS VERSTEHEN

Wenn wir unser Herz nicht sorgfältig behütet und nicht ordnungsgemäß programmiert haben, werden wir selbst Jesus nicht richtig verstehen. Folgende Bibelstelle veranschaulicht die kraftvolle Macht des Herzens.

> **Markus 8,17-18:** Und als es Jesus merkte, sprach er zu ihnen: Was macht ihr euch Gedanken darüber, dass ihr kein Brot habt? Versteht ihr noch nicht und begreift ihr noch nicht? Habt ihr noch euer verhärtetes Herz? Habt Augen und seht nicht, Ohren und hört nicht? Und denkt ihr nicht daran, ...

Im Kontext dieses Verses finden wir etwas sehr Ernstzunehmendes. Jesus hatte zuvor gesagt: *„Hütet euch vor dem Sauerteig der Pharisäer“*, doch die Jünger hatten keine Ahnung, wovon er hier sprach. Sie dachten, er sei verärgert, weil sie vergessen hatten, Brot mitzunehmen. Ihre Gedanken ergaben jedoch noch nicht einmal Sinn. Was war geschehen, bevor Jesus dies zu ihnen sagte? Sie waren mit ihm zusammen gewesen, als er die Massen lehrte und die Menschen hungrig waren. Jesus hatte seinen Jüngern gerade gezeigt, dass es für ihn nicht das geringste Problem ist, wenn es kein Brot gibt, weil er auf übernatürliche Weise versorgt.

Unmittelbar nach dem übernatürlichen Wunder der Brotvermehrung sagte Jesus zu ihnen: *„Hütet euch vor dem Sauerteig der Pharisäer.“* Wie kann man in diese Worte hineininterpretieren, er sei verärgert, weil sie das Brot vergessen hatten? Die Antwort ist ganz einfach: Das Herz, also der Filter, war verunreinigt, deshalb wurden die Worte Jesu verdreht und völlig missverstanden.

Schau, was Jesus im obigen Vers sagt: *„Versteht ihr noch nicht und begreift ihr noch nicht? Habt ihr noch euer verhärtetes Herz?“* Das ist sehr ernst zu nehmen, denn mit einem falschen Herzen wirst du die Worte, die Jesus sagt, völlig falsch verstehen.

Die Geschichte hat gezeigt, wie gefährlich ein verkehrtes Herz ist. Menschen haben die Bibel benutzt, um sich gegenseitig zu vernichten. Die Kreuzritter hielten in einer Hand die Bibel und in der anderen ein Schwert, um Menschen zu töten. Denk darüber nach, wie Christen einander hassen, sich verleumden, ihre Geschwister attackieren und deren Ruf zerstören. Meist verwenden sie hierfür Bibelverse und sie sind sich ihres falschen Handelns normalerweise nicht bewusst. Ich bin zu der Erkenntnis gelangt, dass sogar die Worte von Jesus oder von Gott, dem Vater, persönlich in unserem Verständnis verdreht werden, wenn wir ein verkehrtes, krummes Herz haben.

DIE SPRÜCHE, DAS BUCH DER WEISHEIT

Die Sprüche gelten als das Buch der Weisheit. Es besteht ein Unterschied zwischen Weisheit und Wissen. Wissen bedeutet, etwas zu kennen, während Weisheit das Verständnis für die Anwendung des Wissens beschreibt. Viele Menschen haben sich im Laufe ihres Lebens eine Menge Wissen angeeignet. Doch nur wer die Weisheit besitzt, das Erlernte anzuwenden, wird auch einen Nutzen davon haben.

Neunundachtzig Mal habe ich das Wort *Herz* in diesem kurzen Buch gefunden. Es gibt 66 Bücher in der Bibel, von denen etliche viel länger sind als das Buch der Sprüche. Etwa zehn Prozent aller Erwähnungen des Wortes Herz finden sich in diesem einen kurzen Buch!

Ich habe einige von ihnen ausgewählt, um dir zu zeigen, wie wichtig es ist, gut auf unser Herz aufzupassen.

> **Sprüche 4,23:** Mehr als alles andere behüte dein Herz; denn von ihm geht das Leben aus.
>
> **Sprüche 12,25:** Kummer drückt das Herz eines Mannes nieder, aber ein gutes Wort erfreut es.
>
> **Sprüche 13,12:** Hingehaltene Hoffnung macht das Herz krank; ein erfüllter Wunsch aber ist ein Baum des Lebens.

Sprüche 14,30: Ein gelassenes Herz ist das Leben des Leibes, aber Eifersucht ist Fraß in den Gebeinen.

Sprüche 15,13: Ein fröhliches Herz macht das Angesicht heiter, aber durch ein betrübtes Herz wird der Geist niedergeschlagen.

Sprüche 15,15: Ein Unglücklicher hat lauter böse Tage, aber ein fröhliches Herz hat immer ein Festmahl.

Sprüche 20,27: Der Geist des Menschen ist eine Leuchte des Herrn; sie durchforscht alle verborgenen Kammern des inneren [Herzens].

Diese Verse sprechen für sich selbst. Sie brauchen keine weitere Erklärung. Lies sie sorgfältig durch und erlaube Gott, zu dir zu sprechen.

Als wir durch den Neuen Bund eine neue Schöpfung in Christus wurden, gab Gott uns ein neues Herz. So hat man es uns gelehrt. Oft wurde ich gefragt: *„Wenn Gott mir als neue Schöpfung ein neues Herz gab, warum ist mein Herz dann nach fünf Jahren als Christ so verkorkst?“*

Sobald wir gerettet werden, ist unser Herz normalerweise rein und voller Leidenschaft für Jesus. Doch sehr schnell richten Religion und religiöse Botschaften, denen wir unser Herz geöffnet haben, viel Verwüstung an. Ich werde an dieser Stelle eine Geschichte anfügen, die mir ein guter Freund geschickt hat, um sie in dieses Buch aufzunehmen.

Als ich mich bekehrte, hatte ich eine sehr glückliche und freie Beziehung zu Gott. Der Heilige Geist sprach zu mir über viele Dinge und lehrte mich direkt, was sein Wille ist und was das Herz des Vaters im Himmel erfreut. Manchmal bat er mich, bestimmte Dinge zu tun, z. B. mein gesamtes Gehalt zu verschenken. Ich tat das gerne und mit der Gewissheit, von ihm versorgt zu werden. Und er erfüllte immer alle meine Bedürfnisse. Es war eine Zeit, in der Jesus mich lehrte, frei und großzügig zu sein, und ich erlebte großes Wohlergehen in meinem Leben - nicht nur in finanzieller Hinsicht.

Oft, wenn ich etwas tat, das dem Vater im Himmel nicht gefiel, brauchte mir das niemand sagen, denn der Geist zeigte es mir. Wenige Augenblicke, bevor der Geist dies tat, spürte ich bereits die Traurigkeit in meinem Herzen und bereute es. Er lehrte mich, was ich tun sollte, um Gott zu gefallen. Mein Herz war frei, ihm zu vertrauen und seine Stimme zu hören.

Doch als ich mich mehr in der Kirche engagierte und mit dem Bibelschulstudium begann, lernte ich, dass es Regeln, Methoden und Bedingungen gibt, um auf Gottes Stimme zu hören und seinen Willen zu tun. Ich fing an, die Dinge, die der Geist zu mir sagte, zu rationalisieren und hörte nach und nach auf, zu gehorchen. Viele Geschwister meinten, es wäre nicht normal, Gottes Stimme so zu hören, wie ich es tat. Also begann ich zu glauben, meine Beziehung zu ihm sei nicht normal. Ich dachte, ich hätte mir die Stimme nur eingebildet oder dass es sogar der Teufel wäre, der versuchte, mit mir zu reden.

Leider begann ich, die Stimme des Heiligen Geistes abzulehnen und hörte nicht mehr auf sie. Ich verlor die Intimität, die Freude, das Vertrauen, die Abhängigkeit und die Freiheit, die ich mit dem Vater hatte. Ich fing an, nur noch aus Pflichtgefühl zu beten, die Regeln zu befolgen und nur noch das zu tun, was vernünftig war. So lebte ich fast 20 Jahre lang.

Ich dachte, ich würde nie wieder die Intimität und Freiheit mit Gott erleben, die ich zuvor hatte. Aber mir wurden die Augen geöffnet und ich erkannte, wie falsch ich lag. Ich bereute es, den Heiligen Geist zurückgewiesen zu haben und suchte erneut seine Nähe. Dann begann er, mich abermals zu lehren, ein Leben zu führen, das dem Vater gefällt. Er lehrte mich über den Bund, den Jesus für mich geschlossen hat, und darüber, mein Herz zu bewachen und umzuschreiben. Heute ist meine Beziehung zu ihm wiederhergestellt und viel freier und inniger als am Anfang.

Es ist so leicht, unser Herz zu verwüsten, wenn wir nicht darauf aufpassen!

BEKENNTNIS

Jesus, wie oft habe ich die guten Dinge, die du für mich hattest, nicht gesehen, weil mein Herz verkehrt war? Danke, dass du es mir in deiner großen Liebe, die du zu mir hast, zeigst. Ich strecke mich danach aus, dass dein Heiliger Geist mir immer bewusst macht, wenn mein Herz verdreht oder beschmutzt wird, damit ich Buße tun und mein Herz in Ordnung bringen kann. Ich danke dir.

Kapitel 11

Wie werden unsere Herzen geprägt?

Es gibt eine allgemein anerkannte Regel unter Bibellehrern und -auslegern. Sie wird das Gesetz der ersten Erwähnung genannt. Willst du ein Thema oder ein Wort in der Bibel verstehen, musst du demzufolge nachschlagen, wo es zum ersten Mal vorkommt. Dort findest du den Schlüssel, um es richtig auszulegen und zu verstehen, was es bedeutet.

Wenn wir dieses Gesetz nun auf das Thema Herz anwenden, müssen wir nachschauen, wo das Herz zum ersten Mal in der Bibel erwähnt wird.

> **1. Mose 6,5:** Als aber der Herr sah, dass die Bosheit des Menschen sehr groß war auf der Erde und alles Trachten [Absichten] der Gedanken seines Herzens allezeit nur böse ...

An dieser Stelle erhalten wir ein klares Verständnis darüber, wie das Herz funktioniert, was es ist und wie es geprägt wird. In diesem Zusammenhang gibt es zwei Schlüsselwörter, die wir beachten müssen: *Absicht* und *Gedanken.*

Bereits bei der ersten Erwähnung des Herzens sagt uns die Bibel, dass ein Mensch mit dem Herzen denkt und nicht mit dem Verstand. Der Kontext dieser Bibelstelle beschreibt Menschen, die so böse geworden sind, dass Gott es sogar bereute, den Menschen überhaupt geschaffen zu haben. Es betrübte ihn in seinem Herzen (vgl. Vers 6).

Gott zerstörte die Erde durch Wasser und rettete nur Noah und seine Familie. Der Grund, warum Gott das tun musste, waren nicht einfach nur die bösen Taten der Menschen, sondern die Prägung ihrer Herzen, auf die nur noch Bosheit geschrieben war.

Da das Herz seine Überzeugung dem Gehirn mitteilt und das Gehirn es dem restlichen Körper vermittelt, wusste Gott, die Menschen würden fortan nur noch Böses tun. Statt die Selbstausrottung der Menschheit zuzulassen, rettete und schützte Gott in seiner Liebe einen Überrest, nämlich Noah und seine Familie.

Die beiden Schlüsselwörter, die ich erwähnt habe, *Absicht* und *Gedanken*, haben folgende Bedeutung: *Absicht* meint *Vorstellung*. Dieses Substantiv ist mit einem Verb verwandt, das verwendet wird, *wenn ein Mann ein Stück Töpferware formt*. Das zweite Wort bedeutet einfach *Gedanken*.

Hier wird deutlich, wie das Herz geprägt wird, indem wir unsere Gedanken aktiv lenken, um Bilder zu formen. Wenn sich die Gedanken unseres Herzens mit unseren Gefühlen vermischen und dadurch zu einer Einheit werden, ist eine Botschaft fest in unser Herz geschrieben.

Es gibt viele wissenschaftliche Belege, die zeigen, dass die Energie unseres Herzens zunimmt, wenn wir uns auf bestimmte Gedanken konzentrieren, die dann starke Gefühle hervorrufen. Je nachdem, ob wir an etwas Positives oder Negatives denken, das sich daraufhin mit positiven oder negativen Gefühlen vermischt, setzt die Kommunikation zwischen Herz und Gehirn gesunde oder toxische Chemikalien frei.

Ich möchte, dass du einen kleinen Selbsttest durchführst oder, wie ich es lieber ausdrücke, eine Herzensinventur. Schau dir die folgenden Wörter an und merke sie dir:

> Familie; Schule; Ehepartner; Kindheit; Geld; Vater; und Gemeinde.

Während du dir diese Worte genau ansiehst, lade ich dich ein, dich zu entspannen, tief durchzuatmen, deine Augen zu schließen und dabei weiter tief zu atmen. Dann erlaube deiner Vorstellungskraft, zu jedem dieser Wörter zu gehen. Merke dir, welche Emotionen bei den einzelnen Wörtern ausgelöst werden. Das, was in Verbindung mit diesen Gedanken die stärksten Emotionen auslöst, ist, was dein Herz tatsächlich glaubt. Nimm dir ein paar Minuten Zeit für diese Übung.

Du kannst deinem Herzen nichts vormachen. Das, was es wirklich glaubt, wirst du erleben. Wenn du beispielsweise an deinen Vater gedacht hast und es wurden starke Emotionen wie Wut, Ablehnung oder sogar Schmerz ausgelöst, dann sind das die wahren Botschaften, die in dein Herzen eingraviert sind.

Mithilfe unserer Vorstellungskraft prägen wir unser Herz nicht nur negativ, sondern wir können es auch jederzeit umprogrammieren, indem wir uns die guten Dinge Gottes vorstellen.

Hast du als Kind unter Ablehnung gelitten, musst du den Glauben deines Herzens erneuern. Du musst dein Herz durch Meditation zur Ruhe bringen und dir Gott als deinen liebenden, fürsorglichen Vater vorstellen, der dich umarmt und liebt. Wenn du das so lange machst, bis du an den Punkt kommst, an dem deine Gefühle und

Gedanken miteinander verschmelzen, hast du dein Herz neu programmiert.

Ich empfehle dir dringend, dieses Buch nicht nur zu lesen, sondern auch die Mediationsübungen durchzuarbeiten, die zusammen mit diesem Buch verfügbar sind. Sie sind kraftvolle Werkzeuge, um dein Herz neu zu prägen und alles, was Gott für dich bereithält, zu erleben.

WIE DU DEIN HERZ BEWAHRST

Wie ich zu Beginn erwähnt habe, ist Sprüche 4,23 zu einer zentralen Bibelstelle in meinem Leben geworden. Wir müssen unsere Herzen sorgfältig behüten. Die Frage ist, *wie wir das praktisch tun können.*

Erinnere dich, wenn wir uns Dinge vorstellen und diese Gedanken mit Gefühlen verknüpfen, werden sie zu einem Herzensglauben. Wie viele Botschaften haben wir durch Filme, die wir gesehen haben, auf unser Herz geschrieben? Wenn wir uns zum Beispiel einen romantischen Film über Beziehungen anschauen, verbringen wir nicht nur eine entspannende Zeit, sondern wir schreiben auch Botschaften auf unser Herz. Diese Botschaften werden zu einem kraftvollen Teil von uns, der nun unser Leben und unsere Beziehungen beeinflussen wird. Oft wirkt sich dies sogar auf unsere Beziehung zu Gott aus.

Etliche Menschen haben sich die Botschaft auf ihr Herz geschrieben, dass es in der Ehe nur um Romantik geht. (Vielleicht durch einen Film, den sie gesehen haben?) Sollten sie dann eine Beziehung eingehen und ihre Ehe ist nicht so romantisch, wie sie dem Glauben ihres Herzens zufolge sein sollte, geraten sie in eine Krise. Wie wir alle wissen, geht es in der Ehe um bedingungslose

Liebe und gegenseitige Hingabe, also um viel mehr als nur Romantik.

Wir können dieses Prinzip auch auf Actionfilme anwenden. Wenn wir Gedanken und Vorstellungen von Hass, Gewalt und Rache entwickeln und unsere Gefühle sich mit diesen Gedanken verbinden, haben wir eine Botschaft auf unser Herz geschrieben.

Leider hat Religion uns gelehrt, nach dem Gesetz zu leben und nicht aus einer Herzensbeziehung mit Gott heraus. Uns wurde gesagt: *„Du darfst dieses oder jenes nicht anschauen, denn das gefällt Gott nicht.*" Ich halte diese Herangehensweise für sehr gefährlich. Stattdessen müssen wir uns einfach die Frage stellen: *„Welche Botschaft schreibt dieser Film auf mein Herz?*" Paulus schien das offensichtlich zu verstehen, als er sagte:

> **1. Korinther 6,12:** Alles ist mir erlaubt — aber nicht alles ist nützlich! Alles ist mir erlaubt — aber ich will mich von nichts beherrschen lassen!

Wir können vieles tun, was nicht sündhaft ist, und dennoch unserem Herzen schadet. Dies ist der Hauptgrund, warum ich bei Filmen sehr vorsichtig bin und darauf achte, welchen Gefühlen ich erlaube, sich mit meinen Gedanken zu verbinden.

Im schwersten Moment im Leben der Jünger sagte Jesus ihnen mit anderen Worten, dass sie ihr Herz bewahren sollten. In Johannes 14,1 erklärte er: *„Euer Herz erschrecke nicht!*", was mit anderen Worten ‚Behütet euer Herz' bedeutet. Sie ignorierten seine Worte, und als Jesus verhaftet und gekreuzigt wurde, liefen sie alle davon.

VON DAVID UND SALOMO LERNEN

David war ein starker Kämpfer mit unglaublicher Selbstbeherrschung. Schon als Teenager tötete er eigenhändig einen Bären und einen Löwen. Offensichtlich hatte er kraftvolle Siegesbotschaften auf sein Herz geschrieben. Als er dem Riesen gegenüberstand, der wahrscheinlich fast doppelt so groß war wie er, holte er die Bilder hervor, die er bereits auf die Leinwand seines Herzens gemalt hatte, nämlich die Siege über einen Bären und einen Löwen. Während die starken, geschulten Soldaten der israelischen Armee sich in ihren Herzen bereits als besiegt sahen und deshalb nicht fähig waren, den Riesen zu überwinden, konnte David das tun, weil er ein anderes Bild in seinem Herzen hatte.

Er war ein außergewöhnlicher König, der viele Siege errang, und er war ein hervorragender Anführer. In einem der schwierigsten Momente seines ganzen Lebens fand er in seinem Herzen die Fähigkeit, sich im Herrn zu stärken. Dennoch wurde dieser bemerkenswerte Mann, der weder von einem Bären, Löwen oder Riesen noch von einem König, der ihn hasste, oder von feindlichen Armeen besiegt werden konnte, durch eine unschuldige Frau bezwungen. Wie konnte es zu solch einer Tragödie kommen? Es geschah, weil er nicht auf sein Herz aufgepasst hatte.

Die meisten Menschen kennen die Geschichte von David. Als er auf seinem Dach war und eine nackte Frau beim Baden sah, schützte er sein Herz nicht. David hatte meiner Meinung nach kein Problem mit sexueller Unmoral. Als König hätte er so viele Frauen haben können, wie er wollte. Vielmehr öffnete er das Tor zu seinem Herzen und erlaubte den Gefühlen, sich mit seinen Gedanken zu verbinden, die dann sein Handeln bestimmten. Diese Geschichte verdeutlicht auf tragische Weise die kraftvolle Wahrheit, dass die Überzeugungen unseres Herzens unser Handeln bestimmen. David beging nicht nur Ehebruch mit der Frau eines der besten Feldherren seiner Armee. Er beging auch einen Mord, indem er diesen Mann töten ließ, um dessen Frau zu bekommen, die nun von David schwanger war.

Lasst uns einen Blick auf Davids Sohn, König Salomo, werfen. Er galt als der weiseste Mann der Welt, und doch ging er am Ende seines Lebens zugrunde, weil er nicht auf sein Herz aufgepasst hatte. Das Traurigste an ihm ist, dass er zuvor gesagt hatte, wir sollen unser Herz bewahren, sich später jedoch selbst nicht daran hielt. Er warnte uns auch, vorsichtig zu sein, wenn Frauen versuchen, Männer zu verführen. Auch diesen eigenen Rat befolgte er nicht. Wie die Bibel berichtet, hatte er 1000 Frauen als Konkubinen und Ehefrauen. Schau dir diese Bibelstelle an.

> **1. Könige 11,4:** Und es geschah zu der Zeit, als Salomo alt geworden war, da wendeten seine Frauen sein Herz anderen Göttern zu, sodass sein Herz nicht mehr ungeteilt mit dem Herrn, seinem Gott, war wie das Herz seines Vaters David.

Hier wird uns eindeutig berichtet, dass sein Herz durch seine Frauen abgewendet wurde und er dadurch Gott nicht mehr treu war. Viele Menschen sind schockiert, wenn sie von einem großen Mann Gottes hören, der in eine schreckliche Sünde gefallen ist. Auch ich hatte so reagiert, als ich hörte, wie einige meiner engen

Freunde, die große Männer Gottes waren, einer furchtbaren Sünde nachgaben. Ich war mir sicher, diese wunderbaren Menschen, die Gott so sehr liebten und ihm so eifrig dienten, seien niemals zu so etwas fähig. Nachdem ich die präzise Funktionsweise des Herzens verstanden habe, bin ich heute fest davon überzeugt, dass *jeder von uns* zu allem fähig ist, wenn wir unser Herz nicht behüten.

Keiner, der Gott liebt, wacht eines Morgens auf und beschließt: „*Heute werde ich furchtbar sündigen und mein Leben zerstören.*“ Doch wenn wir unser Herz nicht sorgfältig behüten, können wir nie wissen, wozu wir fähig sind. Egal, was wir jemals tun werden, Gottes tiefe Liebe zu uns wird sich trotzdem nie ändern. Das ist eine wichtige Wahrheit, die wir ständig auf unser Herz schreiben müssen. Sollten wir jemals zulassen, dass unser Herz uns in die Irre führt, wird eine Wiederherstellung für uns schwer sein, wenn wir nicht von Gottes bedingungsloser Liebe zu jedem Einzelnen von uns überzeugt sind.

DU ENTSCHEIDEST

Wir allein sind für den Zustand unseres Herzens verantwortlich und sonst niemand. Daran müssen wir uns immer wieder erinnern. Nehmen wir diese Wahrheit nicht wirklich an, werden wir niemals in der Lage sein, unser Herz zu beschützen. Schuldzuweisungen sind eines der gefährlichsten Dinge, die ein Mensch tun kann, denn sie halten uns als Opfer in Gefängnissen, die wir selbst errichtet haben. Das ist sehr bedauerlich, denn Jesus hat das absolut wunderbarste Leben für uns vorbereitet, doch wir sind dann nicht fähig zu genießen, wofür er bezahlt hat.

Wir alle sind auf unserem Lebensweg verletzt worden und es liegt in der menschlichen Natur, diejenigen, die uns verletzt haben, für unseren Herzenszustand verantwortlich zu machen. In Wirklichkeit haben wir allerdings selbst zugelassen, dass diese Wunden in unser Herz eindringen. Jesus wurde abgelehnt, beleidigt, belogen, verleugnet und verraten, doch er bewahrte sein Herz sorgfältig und konnte deshalb Gottes Auftrag erfüllen. Selbst am Kreuz bat er den Vater, denen zu vergeben, die ihn misshandelten.

Wenn Menschen, vor allem diejenigen, die wir lieben und mit denen wir eng zusammenleben, Dinge sagen und tun, die uns tief verletzen, ist es sehr wichtig, dass wir schnell die Entscheidung treffen, unser Herz zu beschützen. Ihre Worte oder Taten mögen falsch, ja sogar sündhaft sein. Das ist jedoch keine Entschuldigung, diesen Dingen zu erlauben, unser Herz zu verletzen. Jene sind in vollem Umfang für das verantwortlich, was sie sagen oder tun. Doch es liegt komplett in unserer Verantwortung, wie diese Dinge unser Herz beeinflussen dürfen.

Jedes Mal, wenn sich unsere Gedanken und Handlungen in unserem Herzen vermischen, wird dort eine Botschaft eingraviert. Zahlreiche wissenschaftliche Studien verweisen auf die Wichtigkeit der Herzkohärenz und ihren Einfluss auf unser Gehirn und unser gesamtes Wohlbefinden. Einfach ausgedrückt bedeutet Herzkohärenz, dass unser Herz auf gute Weise die Zügel in der Hand hat und sich alles im Einklang befindet. Wenn wir lernen, die Verantwortung dafür zu übernehmen, wie wir auf das reagieren, was andere uns antun, und wenn wir die Liebe wählen, anstatt Gefühlen wie Wut, Schmerz und Rache zu erlauben, unser Herz zu vereinnahmen, beschützen und bewahren wir unser Herz und können somit im Sieg leben.

Sobald Menschen uns verletzen, haben wir die Wahl. Entweder gestatten wir ihnen, eine Botschaft des Zorns, Ärgers oder Grolls auf unser Herz zu schreiben, oder wir gehen in uns und sagen leise zu uns selbst so etwas wie: *„Egal, was du sagst oder tust, ich werde das auf keinen Fall in mein Herz lassen. Ich entscheide mich, dir zu vergeben und mein Herz sorgfältig zu behüten."* Dann formen wir in unserem Herzen Gedanken der Vergebung und der Liebe ihnen gegenüber.

BEKENNTNIS

Vater im Himmel, ich bin so dankbar, kein Opfer zu sein. Du hast mich mit der Fähigkeit ausgestattet, mein Herz zu prägen. Ich bekenne, dass ich alles habe, was ich brauche, um mein Herz richtig zu gestalten, und das werde ich gewissenhaft tun.

KAPITEL 12

WIE BOTSCHAFTEN IN UNSER HERZ GELANGEN

Unser Herz wird über zwei Wege mit Informationen versorgt, den Geist und die fünf Sinne. Gottes Geist, der ständig mit unserem Geist kommuniziert, sagt uns die ganze Zeit: *„Du bist geliebt. Du bist angenommen. Du bist fähig. Du bist mehr als ein Überwinder. Du bist etwas Besonderes. Du bist wertvoll.*" usw. Wie viel von diesem Input dein Leben beeinflusst und zu deiner Erfahrung wird, hängt von deinem Herzen ab. Denk daran, dein Herz filtert jede Information, die es erhält.

Es gibt noch ein weiteres Tor zu unserem Herzen, nämlich den Zugang über unsere natürlichen fünf Sinne. Jeder dieser fünf Sinne ist eine kleine Tür zu diesem großen Eingangstor. Wenn wir nicht lernen, unser Herz zu schützen und sorgfältig darauf zu achten, was durch das Tor unserer natürlichen Sinne hinein gelangt, werden wir in Schwierigkeiten geraten.

Als wir am Anfang darüber sprachen, unser Herz mit aller Sorgfalt zu behüten, definierten wir behüten damit, es wie ein Gefängnis zu bewachen. Ein Gefängniswärter ist nicht nur darauf bedacht, keinen Gefangenen entkommen zu lassen, sondern er muss auch darauf achten, niemanden in das Gefängnis hineinzulassen, der dort nichts zu suchen hat.

Der Teufel ist der Gott dieser Welt, und er wird immer jedes ihm mögliche Mittel nutzen, damit wir ihm erlauben, unser Herz mit seinem Müll zu füllen. Das, was wir im Fernsehen oder in den sozialen Medien anschauen, beeinflusst unser Herz. Es erzeugt Gefühle, die anschließend Botschaften auf unser Herz schreiben, welche wiederum bestimmen, wie großartig unser Leben sein wird.

Zahlreiche Christen haben Dinge gekauft, die sie eigentlich gar nicht zum Leben brauchen, und sich dadurch entsetzlich verschuldet, mit schlimmen Folgen. Sie wurden von ihrem eigenen Herzen in die Irre geführt, meist durch Werbung, die sie durch die Tür ihrer Augen sahen. Tag und Nacht bombardiert uns der Teufel mithilfe der Dinge dieser Welt, wie Unterhaltung, Werbung oder etwas Sinnlichem, das wir sehen. Sein Ziel ist es, dass wir das Tor zu unserem Herzen über unsere fünf natürlichen Sinne öffnen. Sobald wir das tun, sind wir in Schwierigkeiten. Erlaube mir, dich ein wenig über dieses zweite Eingangstor zu unserem Herzen zu lehren.

Widmen wir uns zuerst unseren Augen. Der Feind will durch das System dieser Welt Sehnsüchte in unseren Herzen wecken. Denke nicht, dass Hollywood vom Heiligen Geist beherrscht wird. Ständig versucht der Feind, durch die Tür der Augen in unser Herz zu gelangen. Ich habe persönlich mit einem Homosexuellen gesprochen, der gerettet, befreit und ein Freund von mir wurde. Ich fragte ihn, wie es zu diesem Lebensstil kam, um herauszufinden, was bei ihm zu der jahrelangen Homosexualität geführt hatte. Seine Antwort überraschte mich. Es gab keinen sexuellen Missbrauch in der Kindheit, der in solchen Fällen ziemlich häufig vorkommt. Als Teenager schaute er zusammen mit einem Freund eine Fernsehserie, in der sich zwei Homosexuelle küssten. Der Freund sagte: *„Das sollten wir auch probieren.“* Sie taten es und mein Freund erzählte mir, von da an seien sie homosexuell geworden. Wie kann so etwas passieren? Alles ergibt einen Sinn, wenn du das Herz und die ernste Warnung der Bibel, es mit aller Sorgfalt zu bewachen, verstehst.

Wir müssen den Unterschied zwischen *sehen* oder *anschauen* und *betrachten* (aufmerksames hinschauen und mit Gefühlen vermischen) verstehen. Wir alle sehen den ganzen Tag lang Dinge, die wir gar nicht sehen wollen und die uns nicht erbauen. Sie ziehen direkt an unseren Augen vorüber. Wir können und sollen nicht mit geschlossenen Augen oder in einem Kloster leben. Darum geht es hier nicht. Die Frage ist, welche der Dinge, die wir sehen, lassen wir durch die Türen unserer Augen in unser Herz, indem wir uns dafür entscheiden, sie anzuschauen, ihnen Aufmerksamkeit zu schenken und zulassen, dass sie sich mit unseren Gefühlen vermischen? Du bist der Türhüter deines eigenen Herzens, so wie ich der Türhüter meines Herzens bin. Gott hat dir die Vollmacht gegeben, zu entscheiden.

Jesus macht in **Matthäus 5,27-28** sehr deutlich, dass unsere Augen eine Tür zum Herzen sind, indem er sagt:

Ihr habt gehört, dass zu den Alten gesagt ist: »Du sollst nicht ehebrechen!«

Ich aber sage euch: Wer eine Frau ansieht, um sie zu begehren, der hat in seinem Herzen schon Ehebruch mit ihr begangen.

Er stellt hier einen sehr klaren Zusammenhang zwischen Augen und Herz her. Eine der Bedeutungen von *ansehen* ist *betrachten, anstarren.* Dieses Wort beschreibt nicht einfach nur das, was man sieht, sondern vielmehr das, was du zu *betrachten erwählst.* Warum hat Jesus so deutliche Worte benutzt und gesagt, es sei bereits Ehebruch, eine Frau auf diese Weise anzuschauen? Weil deine Augen die Tür zum Herzen sind. Wenn du dein Herz öffnest und diese Dinge hineinlässt, bestimmen sie gemäß Sprüche 4,23 am Ende dein ganzes Leben. Ich bin fest davon überzeugt, dass der Feind keinen bedeutenderen Kampf führt als den, unser Herz zu gewinnen.

Die Ohren sind der nächste Teil unserer fünf Sinne, die eine Tür zum Herzen darstellen. Auch hier sehen wir die gleiche Absicht und Strategie des Feindes unserer Seele, über diese gottgegebene Tür in unser Herz einzudringen. Die Tür an sich stellt natürlich kein Problem dar. Der springende Punkt ist, wie wir mit dieser Tür umgehen, also ob wir sie öffnen oder fest geschlossen halten. Wir müssen lernen, diese Tür allem gegenüber verschlossen zu halten, worauf der Feind es abgesehen hat.

Es gibt viele Möglichkeiten, die Türe unseres Herzens über unsere Ohren zu öffnen. Was wir bezüglich *sehen* und *betrachten* festgestellt haben, trifft auch hier zu. Das Problem ist nicht, was wir hören. Solange wir in dieser Welt leben, werden wir vieles hören, was wir nicht hören wollen. Daran können wir nichts ändern und wir müssen deshalb auch nicht beunruhigt sein. Allerdings muss uns bewusst sein, dass auch unsere Ohren eine Tür zu unserem Herzen darstellen. Es ist nicht, was wir *hören*, sondern was wir *anhören* (ihm unsere Aufmerksamkeit schenken), das durch unsere Ohren in unser Herz gelangt. Auch hier hast du die Wahl, wofür du die Tür deines Herzens öffnest.

Die Bibel verwendet verschiedene Wörter für hören. Auch Jesus verdeutlichte das, als er in **Matthäus 11,15** sagte:

> „Wer Ohren hat zu hören, der höre!"

Eine der Bedeutungen des Wortes *hören* ist *Beachtung oder Aufmerksamkeit schenken.* Wenn unsere Ohren Worte akustisch vernehmen, muss uns immer bewusst sein, dass jedes von ihnen das Potenzial hat, in unser Herz zu gelangen und unser ganzes Leben zu beeinflussen. So viele Menschen haben sich entschieden, sich Kritik, schlechte Nachrichten und verbittertes Reden anzuhören. Anstatt die Türen zu ihrem Herzen zu schließen, haben sie diesen Dingen erlaubt, ungehindert durch ihre Ohren in ihr Herz zu gelangen. Jetzt ist ihr Herz verwundet und sie leiden unter den Folgen ihrer eigenen Entscheidungen. Öffnest du dein Herz, indem du allem Müll, den du in den Sozialen Medien und anderen Nachrichten hörst, Aufmerksamkeit schenkst, bist du logischerweise nicht in der Lage, in radikalem Glauben zu leben. Auch **Matthäus 13,19** beschreibt die Ohren als Tür zu unserem Herzen:

> Sooft jemand das Wort vom Reich *hört* und nicht versteht, kommt der Böse und raubt das, was *in sein Herz gesät ist.* (Hervorhebung durch den Autor)

Wie wir hier sehen, gelangte das Wort durch die Ohren in das Herz.

Wir haben darüber gesprochen, wie Augen und Ohren Eingangstüren zu unserem Herzen sein können, da sie zu unseren natürlichen Sinnen gehören. Vielleicht fragst du dich, wie denn die Nase solch eine Tür sein kann. Nun, ich glaube, da der Weg zum Herzen entweder über unseren Geist oder unsere natürlichen Sinne führt (andere Türen gibt es nicht), kann auch die Nase ein Teil davon sein. Natürlich verwenden die Welt und der Feind unserer Seele vor allem unsere Augen und Ohren, um in unser Herz zu gelangen. Doch ich glaube, er wird jede Möglichkeit nutzen, um Zugang zu unserem Herz zu erhalten, wohl wissend, dass es ein Weg ist, um uns zu kontrollieren und zu zerstören.

Mir sind beispielsweise Männer bekannt, die sündigten, weil sie ein bestimmtes Parfüm an einer Frau gerochen hatten. Und wie viele übergewichtige Menschen riechen Essen und können sich nicht beherrschen? Gott hat uns den Geist der Selbstbeherrschung geschenkt, wie kann das also sein? Du *verfügst* doch bereits über Disziplin *in* deinem Geist.

Betrachten wir nun, wie der Geruchssinn eine offene Tür zu unserem Herzen darstellen kann. Einerseits kannst du dem Geruch von Essen einfach erlauben, Dankbarkeit gegenüber Gott in deinem Herzen für eine gute Mahlzeit auszulösen. Lässt du jedoch darüber hinaus zu, dass durch den Geruch ständig Gedanken über Essen in dir erzeugt werden, die du anschließend mit deinen Gefühlen vermischst, wird dein Herz dich zu einem ungesunden Essverhalten und Übergewicht führen.

Während ich faste, rieche ich überall um mich herum Essen. Ich entscheide mich einfach dafür, die Tür meines Herzens zu schließen und Gott dafür zu danken, das Privileg zu haben, eine besondere Zeit in Hingabe und Weihe zu verbringen. Würde ich die Tür meines Herzens öffnen und solchen Dingen Zutritt gewähren, hätte ich mein Fasten schon hunderte Male gebrochen.

Wir haben die Macht zu entscheiden! Dein Geist sagt zu deinem Herzen: *„Gott sättigt dich mit allen guten Dingen, du musst dich nicht überessen.“* Da gibt es hingegen noch eine andere Botschaft, die du in dein Herz gelassen hast und die dir einredet, mehr zu essen als du brauchst. Botschaften, die du über deine natürlichen fünf Sinne in dein Herz hineinlässt, werden die anderen Botschaften dominieren, die durch deinen Geist in dein Herz kommen. Lasst uns radikal sein, wenn es darum geht, unser Herz zu behüten.

Bevor wir die Türen zu unserem Herzen weiter betrachten, möchte ich, dass du dieses kraftvolle Zeugnis liest. Es stammt von einer Freundin, die ich bereits seit einigen Jahren kenne. Sie hatte schreckliche Botschaften auf ihr Herz geschrieben, weil sie als Kind nicht auf ihr

Herz aufzupassen wusste. Ihre Türen standen weit offen und ihr Herz und ihr Leben erlitten großen Schaden. Einerseits ist ihre Geschichte ein Zeugnis dafür, wie gefährlich es ist, unser Herz nicht zu bewahren. Andererseits zeigt es, wie wir alle unser Herz verändern und die Güte Gottes erfahren können. Hier ist ihre Geschichte in ihren eigenen Worten.

> Ich wuchs damit auf, von meinem Vater zu hören, dass ich ein Nichts sei. Er sagte mir, ich wäre zu nichts fähig und würde mein ganzes Leben lang ein Niemand sein. Mein Vater hat mich niemals umarmt und nie ein Wort der Zuneigung, Ermutigung oder Anerkennung gesagt. Ich wurde oft kritisiert, beschimpft und erniedrigt. Meine Gefühle wurden immer ignoriert oder heruntergespielt. Ich fühlte mich wie Dreck und wertlos.
>
> All das hatte furchtbare Auswirkungen auf mich. Ich glaubte, all das zu sein, was er mir sagte. Das ruinierte meine Identität. Mein Selbstbild war beschädigt und ich hatte während meines ganzen Lebens und in sämtlichen Beziehungen viele Probleme.
>
> Ich empfand große Wut, Schmerz und Groll gegenüber meinem Vater. Ich fing an, ihn so sehr zu hassen, bis ich an den Punkt kam, an dem ich ihm den Tod wünschte. Ich konnte nicht einmal mehr seine Stimme hören und begann, ihn zu meiden. Das war sehr schlimm für mich.

Als Reinhard in der Schule des Prophetischen und Übernatürlichen über das Herz lehrte, verstand ich, dass meine Identität nicht so ist, wie ich geglaubt hatte, sondern ich meine Identität in Christus habe. Mir wurde klar, dass Gott mein wahrer Vater ist, der mich zutiefst liebt. Ich erkannte nun, wie dringend ich mein Herz ändern musste! Ich begann, darüber zu meditieren, was Gott über mich fühlt und denkt. Ich bat den Heiligen Geist, mir zu helfen, die Filter meines Herzens zu reinigen und meinen Vater nicht mehr mit meinen Augen zu sehen, sondern so, wie Gott ihn sieht. Ich beschloss, meinem Vater zu vergeben und konnte erkennen, dass sein Problem nicht bei mir, sondern in seinem eigenen Herzen lag.

Als ich mein Herz in Ordnung gebracht hatte, verschwanden all der Groll, der Hass und die Verletzungen und ich sehe ihn heute mit ganz anderen Augen. Unsere Beziehung wurde wiederhergestellt und all die Last und der Schmerz, die ich mit mir herumtrug, sind verschwunden.

Heute bin ich frei und geheilt. Jesus ist wunderbar!

BEKENNTNIS

Herr, ich verstehe, dass ich der Torhüter meines eigenen Herzens bin. Mir ist auch bewusst und ich erkenne, dass ich nicht immer gute Arbeit geleistet habe. Doch von nun an werde ich mein Herz sorgfältig bewachen. Ich werde die Türen sofort vor allem verschließen, was zerstörerische und gefährliche Botschaften auf mein Herz schreiben würde.

KAPITEL 13

EIN GUTER TORWÄCHTER

Kann unser Mund ebenfalls eine Eingangstür zu unserem Herzen sein? Da nach meiner Auffassung *alle* Sinne eine Tür zu unserem Herzen darstellen, umfasst dies auch unseren Geschmackssinn. Ein Großteil aller Krankheiten ist durch unsere Ernährung selbst verschuldet, was mittlerweile allgemein bekannt ist. Hast du dir schon einmal die Frage gestellt: "*Nachdem es diese ganzen Beweise gibt, wie krank wir uns selbst durch unser falsches Essverhalten machen, warum leben unzählige Menschen dann weiter so?*"

Da die Bibel uns sagt, dass die Quellen des Lebens aus unserem Herzen kommen, müssen wir uns erneut mit dem Herzen und einem der beiden zuvor erwähnten Eingangstore befassen, nämlich den fünf natürlichen Sinnen. Viele Menschen, die ich weltweit kenne, darunter auch Christen, sind süchtig nach den unterschiedlichsten Nahrungsmitteln, die ihrer Gesundheit schaden. Traurigerweise sind diese Süchte und Sünden unter Christen salonfähig geworden.

Natürlich ist mir bewusst, dass es auch körperliche Süchte gibt, aber ich glaube, Nahrungsmittelsüchte gehen weit über die rein körperlichen hinaus. Schau dir zum Beispiel diese schockierende Aussage über MNG an, das als "die versteckte Sucht" bezeichnet wird:

> Viele verarbeitete Lebensmittel enthalten Mononatriumglutamat (MNG) und andere Glutamat-Verbindungen - eine starke, geschmacksverstärkende Aminosäure. Wenn Lebensmittel sehr gut schmecken, aktivieren sie die Genusszentren im Gehirn, welche ebenfalls durch die von Glutamat angeregten Neurotransmissionen gesteuert werden.
>
> (Dr. Russell Blaylock. *MSG: The Hidden Addiction.* https://www.newsmax.com/health/russellblaylockmd/msg-glutamate-atherosclerosis-obesity/2014/09/17/id/595254/; übersetzt aus dem Englischen)

Lebensmittelkonzerne werden von Gier beherrscht, nicht von ihrer Liebe zu dir. Ihr Ziel ist nicht, dich zu segnen und für dich zu sorgen, sondern dein Geld zu bekommen. Wenn wir etwas schmecken, werden Gefühle in uns freigesetzt, die sich mit unseren Gedanken vermischen, wodurch eine Botschaft auf unser Herz geschrieben wird. Es ist schon erstaunlich, wie viele Wege der Feind in unser Herz gefunden hat. Nicht umsonst sagt uns die Bibel, wir sollen es mit aller Sorgfalt bewachen.

Vor einiger Zeit traf ich die Entscheidung, mich wirklich um mein Herz zu kümmern. Ich genieße gutes Essen. Glaub mir, meine Frau ist eine der besten Köchinnen der Welt, zumindest eine der besten, die ich je getroffen habe. Doch wenn ich etwas esse, achte ich darauf, bewusst zu essen, es zu genießen, Gott dafür zu danken, aber niemals zuzulassen, dass mein Herz davon vereinnahmt wird. Tatsächlich gab es Zeiten in meinem Leben, in denen ich mein Herz nicht sorgfältig behütet hatte und merkte, dass bestimmte Lebensmittel mehr in mir auslösten als einfach nur einen normalen Genuss. Auf der Stelle beschloss ich, komplett auf diese Dinge zu verzichten (obwohl an ihnen nichts falsch war), bis ich mein Herz wieder in Ordnung gebracht hatte.

Der letzte unserer fünf Sinne ist der Tastsinn, durch den wir etwas körperlich fühlen. Wie kann Berührung eine Tür zu unserem Herzen sein? Hat Gott uns nicht erschaffen, damit wir uns in Liebe berühren, füreinander sorgen oder uns umarmen? Alle unsere fünf Sinne wurden von Gott kreiert; deshalb sind sie ein wichtiger Teil unseres Lebens. Sie sollen in einer von Gott gegebenen Weise verwendet werden, indem sie geheiligt und zu seiner Ehre gebraucht werden. Ich gebe dir ein leicht verständliches Beispiel. Sieh dir einfach die Werbung an, die, seit ich denken kann, in dieser Welt verwendet wird. Jemand hat ein bestimmtes Produkt, das er bewerben will, doch zu sehen ist dann eine Frau, die ein Gefühl von Sinnlichkeit vermittelt. Oft hat das Produkt überhaupt nichts mit Frauen zu tun. Es ist ein strategischer Plan, um durch die Tür unserer natürlichen Sinne eine Botschaft in unser Herz zu bringen: *„Oh, wenn ich diese Frau nur berühren könnte oder sie mich berühren würde, dann würde ich mich so gut, geliebt und angenommen fühlen.“* Wenn wir nicht aufpassen, öffnen wir die Tür zu unserem Herzen und schreiben Botschaften darauf.

Schau dir die erste Erwähnung von Berührung in der Bibel an, ganz am Anfang in 1. Mose 3,3, wo es heißt: *„Aber von der Frucht des Baumes, der in der Mitte des Gartens ist, hat Gott gesagt: Esst nicht davon und rührt sie auch nicht an, damit ihr nicht sterbt!“*

Warum hat Gott nicht einfach gesagt: *„Du sollst nicht davon essen"*? Man kann doch nicht von der Frucht essen, ohne sie zu berühren. Hätte er gesagt *"iss nicht davon"*, hieße das auch automatisch: *"fass es nicht an"*, richtig? In der Bibel steht nichts ohne Grund. Ich glaube, Gott hat das extra gesagt, weil er wusste, wie wir durch diesen Sinn eine Tür zu unserem Herzen öffnen.

Kürzlich hatte ich eine extrem entzündete Schulter, die mir unerträgliche Schmerzen bereitete. Es begann auf einer sehr langen 64-stündigen Nonstop-Reise von Asien nach Hause. Fast drei Tage und zwei Nächte lang saß ich in Flugzeugen und Flughäfen. Ich kämpfte gegen die Schmerzen, aber mein Glaube wurde auf die Probe gestellt. Als wir in Goiania ankamen, brachte Debi mich sofort ins Krankenhaus. Sie verabreichten mir intravenös zwei Dosen eines sehr starken Schmerzmittels und baten mich, ein MRT durchzuführen. Der Befund zeigte allerlei Entzündungen in der Schulter.

Ich nahm ein paar Medikamente, wollte aber nicht alles nehmen, was der Arzt mir verschrieben hatte. Ich musste innerbrasilianisch nach Belo Horizonte fliegen, um dort zu predigen, und bat meine Frau am Vortag: *„Bitte salbe mich mit Öl und bete das Gebet des Glaubens über mir.* "Sie tat es, und ich nahm meine Heilung im Glauben in Anspruch. Früh am Morgen brachte sie mich zum Flughafen. Als ich mir den Rucksack über die Schulter legte, kamen die Schmerzen zurück. Mein *Körpergefühl* klopfte an die Tür meines Herzens und wollte mich davon überzeugen, dass ich nicht geheilt sei. Mithilfe der Entscheidung meines Willens hielt ich diese Tür schnell zu und öffnete das andere Tor, das meines Geistes. Ich fing an, mein Herz mit der Wahrheit meines Geistes zu füllen: *„Ich bin geheilt, seine Striemen sind genug, das vollbrachte Werk des Kreuzes hat dafür bezahlt.“*, und es ging mir gut.

Ich möchte hier betonen und darauf hinweisen, dass Gott uns all diese Sinne gegeben hat. Sie sind gut und heilig und wir sollen sie für Gottes Zwecke nutzen! Es ist wunderbar, Gottes herrliche Schöpfung und seine Kunstwerke zu sehen, sich zu freuen und seinen Namen zu preisen. Es ist großartig, wundervolle Musik zu hören und unser Herz von einem Gefühl der Ehrfurcht vor der Größe Gottes erfüllen zu lassen. Wie schön ist es, durch ein Blumenfeld zu gehen, ihren Duft zu riechen und sich in Anbetung vor ihrem Schöpfer zu verneigen. Wie herrlich ist es, gutes Essen zu genießen, das Gott geschaffen hat, und ihm für seine Fürsorge und Versorgung zu danken. Zudem ist es wunderbar, von denen umarmt zu werden, die uns lieben, und unser Herz lobpreisend zu Gott zu erheben, weil wir fähig sind, die Nähe von Menschen zu spüren, die uns aufrichtig und selbstlos lieben.

Aber denke immer daran: Was Gott uns zugute geschaffen hat, möchte der Feind unserer Seele zu unserer Zerstörung nutzen. Als Gott dieser Welt versucht der Teufel ständig, auf jede erdenkliche Weise Zugang zu unserem Herzen zu finden. Durch die Tür unseres Geistes kann er nicht hineingelangen, da er keinen Zugang zu unserem Geist hat. Deshalb versucht er permanent, die anderen Türen einzurennen. Aus diesem Grund hat Gott uns aufgetragen, unser Herz sorgfältig zu bewahren. Halte die Tür des Geistes ganz weit offen. Ernähre dein Herz ständig mit dem, was Gott in deinen Geist hineingelegt hat. Verkünde Gottes Wahrheiten über dir: *„Ich bin gerecht“*, *„Ich bin geliebt“*, *„Ich bin eine neue Schöpfung“*, und preise jederzeit seinen Namen. Weise die Lügen des

Feindes zurück, du hättest keine Macht über die Eingangstore deines Herzens. Die Wahrheit ist, *du* bist der Torhüter deines eigenen Herzens, genau wie ich der Torhüter meines Herzens bin. Gott hat uns die Entscheidungsgewalt gegeben.

Ich habe es mir angewöhnt, außerordentlich dankbar zu sein. Wenn Er mir einen Urlaub schenkt, danke ich ihm ständig dafür. Wenn ich gut esse, danke ich ihm immer wieder dafür. Mein Fokus bleibt so auf seine Güte ausgerichtet, während ich immer auf mein Herz aufpasse.

Du bist der einzige Wächter über das Tor deines Herzens. Das ist eine Verantwortung, die Gott dir übertragen hat und die du sehr ernst nehmen musst. Schau dir die folgenden Verse an, in denen es um unsere natürlichen Sinne als Tor zum Herzen geht:

> **Prediger 7,21:** So höre auch nicht auf alle Worte, die man dir hinterbringt, und nimm sie nicht zu Herzen, damit du nicht deinen eigenen Knecht dir fluchen hörst!
>
> **Johannes 14,1:** Euer Herz erschrecke nicht! Glaubt an Gott und glaubt an mich!
>
> **Johannes 14,27:** Frieden hinterlasse ich euch; meinen Frieden gebe ich euch. Nicht wie die Welt gibt, gebe ich euch; euer Herz erschrecke nicht und verzage nicht!
>
> **Johannes 16,6:** sondern weil ich euch dies gesagt habe, ist euer Herz voll Traurigkeit.

Im ersten Vers heißt es, wir sollen uns nicht zu Herzen nehmen, was die Leute sagen. Interessanterweise bringt die Bibel unsere Ohren mit unserem Herzen in

Verbindung. Du kannst hören, was andere sagen, ohne zu erlauben, dass es dein Herz beeinflusst. Sobald du anfängst, über die Worte anderer Menschen nachzudenken und zu meditieren, und wenn du sie dabei mit Gefühlen wie Schmerz, Verärgerung, Groll, Unversöhnlichkeit etc. vermischst, werden sie zu Botschaften in deinem Herzen. Was andere über uns sagen, ist demnach offensichtlich nicht das Problem, sondern der Schlüssel liegt darin, was wir mit diesen Worten in unserem Herzen tun.

In den übrigen drei Versen sehen wir das gleiche Prinzip. Die Jünger waren in ihrem Herzen bestürzt. Im letzten Vers erklärte Jesus ihnen, ihr Herz sei aufgrund seiner Worte mit Traurigkeit erfüllt. Das ist eine deutliche Warnung für uns alle. Jesus wies sie ausdrücklich darauf hin, sich nicht beunruhigen zu lassen, dennoch konstatierte er nur kurze Zeit später, dass ihre Herzen von Unruhe erfüllt seien. Wir müssen aufpassen, wem und was wir die Tore unseres Herzens öffnen.

DEIN HERZ IST DORT, WO DEIN SCHATZ IST

Jesus hat uns viele eindringliche Warnungen bezüglich unseres Herzens gegeben. Diese Warnungen waren so deutlich, dass einige von ihnen radikal und schockierend erschienen.

> **Matthäus 6,21:** Denn wo euer Schatz ist, da wird auch euer Herz sein.

Uns wird in etlichen Bibelstellen verdeutlicht, wie sehr Gott sich unser ungeteiltes Herz wünscht. Hier sagte Jesus seinen Jüngern ganz klar, dass jeder Schatz, den wir in unserem Leben haben, gleichzeitig der Ort ist, an dem auch unser Herz sein wird. Wir ignorieren die Warnungen Jesu so leicht und wundern uns, warum wir unter den schrecklichen Konsequenzen leiden.

Woher weißt du denn, ob Dinge wie Geld, Dienst, Job, Frau, Kinder usw. ein normaler Teil deines Lebens sind oder ob sie dein Herz erobert haben? Erinnerst du dich? Was beim Nachdenken darüber die stärkste Emotion auslöst, offenbart dir die Wahrheit über dein Herz. Ich liebe es, Jesus zu dienen. Ich liebe meine Frau und meine Kinder. Ich genieße seine gütige Versorgung. Doch keine der Emotionen, die ich empfinde, wenn ich an diese Dinge denke, ist auch nur im Geringsten mit dem vergleichbar, was ich empfinde, wenn ich einfach nur über Jesus nachdenke.

Der Grund, warum ich so überaus vorsichtig und feinfühlig geworden bin, was mein Herz erobert, liegt darin, dass ich den Prozess verstehe. Sobald etwas mein Herz erobert hat, gibt mein Gehirn allen Organen meines Körpers den Befehl, dafür zu sorgen, nun alles zu tun, damit das, was mein Herz verlangt, auch tatsächlich passiert.

Ich schreibe dieses Buch inmitten der COVID-Pandemie. Es ist Mitte des Jahres 2021. Je länger die Pandemie andauert, desto deutlicher zeichnet sich mir das Bild. Die größte Problematik bei dem Virus sind nicht die eigentlichen physischen Probleme. Was die Angst vor dem Virus in den Herzen der Leute angerichtet hat, bestätigt und stärkt meine Überzeugung über das Herz. Menschen trafen lächerliche und irrationale Entscheidungen, die all ihren Überzeugungen und jeglicher Vernunft widersprachen, einfach, weil Angst ihre Herzen ergriffen hatte. Wir sahen, wie Geschwister sich bekämpften, Familienmitglieder sich entzweiten und Menschen, die einander liebten, sich jetzt hassen. Alles aufgrund von Angst in ihrem Herzen.

Hat Angst erst einmal einen Weg in unser Herz gefunden, wird das Herz als Oberbefehlshaber dem Gehirn befehlen, Dinge zu tun, die wir vorher nie getan hätten. Passt auf eure Herzen auf, meine Freunde.

DIE GEFAHR EINES NICHT HINGEGEBENEN HERZENS

Eine große Gefahr besteht darin, dass wir viele Bereiche unseres Herzens der Herrschaft Jesu ausliefern können, andere Bereiche jedoch unausgeliefert bleiben. Wir halten an ihnen fest und weigern uns, sie loszulassen. Du kannst ein mächtiger Mann oder eine mächtige Frau Gottes sein, einen scheinbar großartigen Charakter haben und sehr kraftvoll und voller Glauben dienen. Doch wenn wir bestimmte Bereiche nicht hingeben, werden unsere Handlungen irgendwann unserem Herzen folgen. Das wäre eine Tragödie.

Die tragische Geschichte etlicher Christen ist, dass ihre gewohnheitsmäßige Sünde, in die ihr Herz sie geführt hat, oft aufgedeckt und offenbart wird. Das bringt zahlreichen Menschen viel Schmerz, einschließlich ihnen selbst und denen, die sie lieben. Noch tragischer ist es jedoch, wenn diese verborgenen Dinge des Herzens versteckt bleiben und erst am Richterstuhl Christi zutage treten, denn dann ist es zu spät, um Buße zu tun.

DIE KRAFT UNSERER GEFÜHLE

In Sprüche 29,11 heißt es, dass ein Tor all seinen Gefühlen freien Lauf lässt, wohingegen ein weiser Mann sie zurückhält. Niemand anderes außer uns hat die Kontrolle über unsere Gefühle. Diese Wahrheit müssen wir begreifen und akzeptieren. Unsere Gefühle kommen nicht aus unserer Seele, sondern aus unserem Herzen. Nur wir haben die Kontrolle über unser Herz und damit auch über unsere Gefühle, die wir sorgfältig behüten müssen.

Eine Möglichkeit, das Herz zu bewachen, besteht darin, besagte Herrschaft über unsere Gefühle auch zu übernehmen. Es gibt etliche wissenschaftliche Belege, die zeigen, wie toxische Gefühle den gesamten Körper beeinflussen und oft zahlreiche Krankheiten verursachen. Einige Ärzte und Wissenschaftler glauben, dass 80 bis 85 Prozent aller chronischen Krankheiten ihren Ursprung in schädlichen Gefühlen und Herzenshaltungen wie Groll, Wut, Bitterkeit, Unversöhnlichkeit und ähnliche negative Gemütslagen haben.

Jesus mahnte seine Jünger ausdrücklich, die *Gefühle* ihres Herzens zu kontrollieren, als er ihnen in Johannes 14,1 sagte, sie sollen ihrem Herzen nicht erlauben, bestürzt zu sein. Interessanterweise steht dieser Satz im Urtext im Imperativ, was bedeutet, es handelt sich hier nicht um einen Vorschlag oder eine gute Idee, sondern um einen Befehl, der befolgt werden muss. Das Wort für *bestürzt sein* beschreibt ein *aufgewühlt oder erschüttert Sein*, es bedeutet auch, *die innere Ruhe zu verlieren.* Wir sind für den Zustand unseres Herzens verantwortlich, sagt Jesus, nicht nur hinsichtlich der Gedanken, sondern auch der

Gefühle. Wir müssen uns entscheiden, dass unsere innere Ruhe, also die Gefühle unseres Herzens, nicht aufgewühlt und unruhig werden. Dies kann nur geschehen, wenn wir aufhören, uns als Opfer unserer Umstände oder anderer Menschen zu sehen.

Wir müssen die volle Verantwortung für die Gefühle übernehmen, denen wir erlaubt haben, unser Herz zu kontrollieren. Wir müssen auch aufhören, Sätze zu sagen wie: *„Du hast mich wütend gemacht"*, *„Du hast mich dazu gebracht, so zu reagieren"*, *„Es ist deine Schuld"* oder *„Wenn du das nicht getan hättest, wäre ich nicht so wütend gewesen"*. Solange wir die Schuld für die Gefühle unseres Herzens auf andere Menschen oder Umstände schieben, werden wir nie fähig sein, Gottes Fülle zu erleben. Das vollbrachte Werk des Kreuzes wird für uns nicht in dem Umfang erlebbar sein, in dem Jesus dafür bezahlt hat, sondern nur in dem Maß, in dem unser Herz es annehmen kann.

An dieser Stelle könnte man einwenden, dass wir unsere Gefühle doch nicht verleugnen und uns unehrlich oder heuchlerisch verhalten können. Was sollen wir also tun, wenn wir uns so fühlen?

Wenn wir an diesen Verhaltensweisen und falschen Herzensüberzeugungen festhalten, unterstellen wir der Bibel, nicht wahr zu sein. In der zu Beginn dieses Abschnittes zitierten Bibelstelle heißt es, ein weiser Mann hält seine Gefühle zurück, was im Hebräischen bedeutet, er kann seine Gefühle besänftigen oder beruhigen. In dem Moment, in dem wir Wut, Ärger, Groll oder andere toxische Gefühle verspüren, müssen wir anerkennen, dass Gott uns die Entscheidungsfreiheit gegeben hat. Dann können wir wählen, ob wir ihnen erlauben, unser Herz zu beherrschen, oder ob wir still in uns gehen und in unserem Herzen sagen: *„Ich habe die Kontrolle über meine Gefühle und ich entscheide mich, diese Gefühle der Verärgerung loszulassen."*

Ich spreche die ganze Zeit mit meinem eigenen Herzen, oft leise innerlich und oft sogar auch laut. Nur du kannst entscheiden, ob du dein Herz aus der Ruhe bringen lässt oder nicht. Mein Freund, beschütze dein Herz vor allen Gefühlen, die sich der Liebe widersetzen.

BEKENNTNIS

Jesus, mein Schöpfer, Liebhaber, Freund und Bräutigam, danke, dass du mich so vollkommen liebst. Ich bin dankbar, dass du mir so sehr vertraust und mir daher die Verantwortung zugestanden hast, auf mein eigenes Herz zu achten und es zu bewahren. Ich werde mein Leben nicht von Angst bestimmen lassen, sondern mein Herz vor ihr verschließen. Mein Herz entscheidet sich für den Glauben.

Kapitel 14

Wenn das Herz fortgezogen wird

Unsere Herzen können leicht in eine Richtung gezogen werden, in die sie nicht gehen sollten. Ich bewundere den Apostel Paulus und werde ihn immer bewundern. Welch ein leidenschaftlicher Nachfolger Jesu Christi er doch war. Gott berief ihn auf spektakuläre Weise in einen großen apostolischen Dienst hinein. Bei aller Bewunderung für diesen großen Glaubenshelden gab es meiner Ansicht nach auch bei ihm einen Bereich, in dem er sein Herz nicht behütet hatte:

> **Galater 1,15-16:** Als es aber Gott, der mich vom Mutterleib an ausgesondert und durch seine Gnade berufen hat, wohlgefiel, seinen Sohn in mir zu offenbaren, damit ich ihn durch das Evangelium unter den Heiden verkündigte, ging ich sogleich nicht mit Fleisch und Blut zurate,

> **Apostelgeschichte 22,21:** Und er sprach zu mir: Geh hin, denn ich will dich in die Ferne zu den Heiden senden!

> **Römer 9,1-5:** Ich sage die Wahrheit in Christus, ich lüge nicht, wie mir mein Gewissen bezeugt im Heiligen Geist, dass

> ich große Traurigkeit und unablässigen Schmerz in meinem Herzen habe. Ich wünschte nämlich, selber von Christus verbannt zu sein für meine Brüder, meine Verwandten nach dem Fleisch, die Israeliten sind, denen die Sohnschaft und die Herrlichkeit und die Bündnisse gehören und die Gesetzgebung und der Gottesdienst und die Verheißungen; ihnen gehören auch die Väter an, und von ihnen stammt dem Fleisch nach der Christus, der über alle ist, hochgelobter Gott in Ewigkeit. Amen!

Paulus wurde von Gott ganz eindeutig dazu berufen, ein Apostel für die Heiden zu sein und nicht für die Juden. Wenn wir den letzten Abschnitt in Römer 9 lesen, sehen wir, dass Paulus sein Herz so weit für das jüdische Volk öffnete, dass er sogar äußerte, er würde für sein eigenes Volk gern sogar die Hölle in Kauf nehmen. Er sagte: „*…dass ich große Traurigkeit und unablässigen Schmerz in meinem Herzen habe.*“

Als ich dies in jungen Jahren las, war ich tief beeindruckt von der großen Bürde, die er für sein eigenes Volk trug. Heute jedoch sehe ich die Dinge anders. Meiner Meinung nach war es ein Fehler, sein Herz über Gottes Absichten hinaus so weit zu öffnen. Gott hatte ihn eindeutig als Apostel für die Heiden berufen. Warum empfand er nicht genauso für diejenigen, um die er sich besonders kümmern sollte?

Beim Lesen der Apostelgeschichte wirst du feststellen, dass Paulus in einer neuen Stadt immer wieder zuerst den Juden – und nicht den Heiden – das Evangelium predigte. Das brachte ihm schlimme Verfolgung und viele, meiner Meinung nach unnötigen Schwierigkeiten ein.

Wann immer Paulus umherreiste, um das Evangelium zu predigen, schienen die Juden seine Priorität zu sein. Das kannst du erkennen, wenn du dir die folgenden Verse anschaust. Selbst die Aussage: „Ich wünschte nämlich, selber von Christus verbannt zu sein für meine Brüder, (...) die Israeliten.“, macht keinen Sinn, da kein Mensch das Opfer von Christus ersetzen kann.

> **Apostelgeschichte 9,29:** Er redete und stritt auch mit den Hellenisten; sie aber machten sich daran, ihn umzubringen.

> **Apostelgeschichte 13,14:** Sie aber zogen von Perge weiter und kamen nach Antiochia in Pisidien und gingen am Sabbattag in die Synagoge und setzten sich.

> **Apostelgeschichte 13,16:** Da stand Paulus auf und gab ein Zeichen mit der Hand und sprach: Ihr israelitischen Männer, und die ihr Gott fürchtet, hört zu!

> **Apg. 13,43-45:** Nachdem aber die Synagogenversammlung sich aufgelöst hatte, folgten viele Juden und gottesfürchtige Proselyten dem Paulus und Barnabas nach, die zu ihnen redeten und sie ermahnten, bei der Gnade Gottes zu bleiben. Am folgenden Sabbat aber versammelte sich fast die ganze Stadt, um

> das Wort Gottes zu hören. Als die Juden jedoch die Volksmenge sahen, wurden sie voll Eifersucht und widersetzten sich dem, was Paulus sagte, indem sie widersprachen und lästerten.

Wenn du diese Verse sorgfältig studierst, wirst du einmal mehr erkennen, wie das Herz als Oberbefehlshaber fungiert. Paulus öffnete sein Herz weit und ließ zu, dass die Trauer um sein Volk es eroberte. Das Herz sagte dies dem Gehirn und das Gehirn teilte dem Körper mit, er solle hingehen und zu den Juden predigen. Es ist interessant, dass Paulus oft so lange nicht zu den Heiden einer Stadt ging, bis die Juden ihn verfolgten.

WIE WIRD DAS HERZ FORTGEZOGEN?

Es gibt ein Muster, das sich stets wiederholt, wenn das Herz auf Abwege gerät. Gott sollte die Quelle unserer Versorgung sein, in allem, was wir brauchen. So hat er uns geschaffen, und falls wir das nicht begreifen, sind wir in Schwierigkeiten. Gott nutzt unterschiedliche Kanäle seiner Wahl, doch die Quelle muss immer er bleiben.

Wir alle haben Bedürfnisse. Die Frage ist, *wie wir mit unseren Bedürfnissen umgehen.* Falls wir sie nicht ausschließlich vom Herrn stillen lassen, wird unser Herz das registrieren. Eine besondere Gefahr besteht, wenn das Bedürfnis einen emotionalen Charakter hat. Da unser Herz perfekt funktioniert, wird es nun alles daransetzten, dieses Bedürfnis an anderer Stelle zu befriedigen. Das ist nichts, was wir rational durchdenken und willentlich tun. Unser Herz tut das automatisch.

Lass es mich dir erklären. Wie viele Menschen sind süchtig nach Shopping, Essen, Unterhaltung, Erfolg, Ruhm und etlichen anderen derartigen Dingen? Das ist nichts anderes als der Ausdruck eines Herzens, das nicht befriedigt ist. Wenn dein Herz nicht im Herrn zufriedengestellt ist, wozu du eigentlich erschaffen wurdest, leitet es diese Information an das Gehirn weiter. Das Gehirn nimmt die Information auf, verarbeitet sie und gibt dem Körper den Befehl, zahlreiche verschiedene zwanghafte Verhaltensweisen an den Tag zu legen, um Befriedigung zu erlangen. Natürlich werden diese Menschen niemals Erfüllung finden.

Sobald wir uns erlauben, Zufriedenheit außerhalb des Herrn finden zu wollen, begeben wir uns auf eine sehr gefährliche Reise. Unser Herz wird so lange umherwandern, bis es die Erfüllung findet, nach der es sucht. Wie wir wissen, kann sie jedoch nur bei Gott gefunden werden. Sobald wir das erkennen, müssen wir schnell innehalten, Buße tun und unser Herz wieder auf den Herrn ausrichten.

Keines der erwähnten Dinge wie Shopping, Essen oder Unterhaltung, ist das eigentliche Problem. Es besteht vielmehr darin, dass uns vorgegaukelt und glaubhaft gemacht wurde, diese Sachen könnten uns irgendwie Befriedigung verschaffen.

GUTES ERKENNEN

Jedes Mal, wenn etwas auf dein Herz einwirkt, werden sehr starke Gefühle ausgelöst. Ich betrachte nicht die Seele als den Sitz unserer Gefühle, sondern stattdessen das Herz. Unsere Gefühle sind nicht das eigentliche Problem. Das wahre Problem sind vielmehr die Überzeugungen unseres Herzens.

Während ich unermüdlich die Botschaft des Neuen Bundes verkündige, erlebe ich interessante Dinge. Zum Beispiel gibt es zwei Menschen, die mir sehr nahestehen. Beide haben dieselbe Botschaft gehört. Während einer von ihnen überschwängliche Freude zum Ausdruck brachte, als er diese Lehre hörte, reagierte der andere mit Wut und Sarkasmus. Wie kann das sein? Deine Reaktion auf irgendetwas oder irgendjemanden hat nichts mit den Menschen oder Umständen zu tun. Diese Reaktionen sind nichts anderes als ein Spiegel deines eigenen Herzens.

Sobald wir die Wichtigkeit und die Kraft unseres Herzens verstehen, sollten wir stets das tiefe Verlangen haben, dass die verborgenen Motive unseres Herzens kontinuierlich offenbart werden. Wir müssen es als einen Akt der Liebe und Güte Gottes betrachten, wenn unsere Reaktionen den Zustand unseres Herzens offenbaren. Je länger wir falsche Herzensüberzeugungen ignorieren, desto länger werden Zerbruch, Schmerz und Enttäuschung ein Teil unseres Lebens bleiben. Sind wir hingegen dankbar, wenn uns unsere Herzen offenbart werden, können wir an ihnen arbeiten und anfangen, die Botschaften neu zu schreiben.

ERLEBEN, WAS DIR GEHÖRT

Wie viel du von dem erlebst, was dir durch das vollbrachte Werk des Kreuzes zusteht, hängt von dir ab und nicht von Gott. Er hat durch Christus alles getan, was nötig war, und dir durch Christus auch alles gegeben, was du je brauchen wirst. Gott hat sich um deinen Geist gekümmert, um dein Herz musst du dich kümmern.

Bei deiner Errettung wurde dein Geist (der innere Mensch) von Gott neu geschaffen. Dieser Geist hat nun die DNA von Jesus, er hat all das Wissen Gottes, ist vollkommen mit Christus vereint und kennt alle Dinge. Gott hat sich also um deinen Geist gekümmert. Wenn dein Herz aufrecht wäre, würdest du immer Gutes von Gott erleben.

Täglich passiert so viel, was negativ auf unser Herz einwirken kann. Über etliche dieser Dinge hast du keine Kontrolle. Sobald wir verstehen, wer wir in Christus sind und wie unser Herz funktioniert, werden wir erkennen, dass weder unsere Umstände noch die Menschen noch der Teufel das eigentliche Problem in unserem Leben darstellen. Wie all das unser Herz beeinflusst, hängt davon ab, welche Entscheidungen wir treffen.

Wir können beide gleichzeitig dieselbe Situation erleben und sie dennoch völlig unterschiedlich wahrnehmen.

> **Sprüche 14,30:** Ein gelassenes Herz ist das Leben des Leibes, aber Eifersucht ist Fraß in den Gebeinen.

Hier wird uns gesagt: „Ein gelassenes Herz ist das Leben des Leibes." Auch wenn es schlau ist, sich gesund zu ernähren und Sport zu treiben, ist dies kein Ersatz für ein gesundes Herz. Ich kenne Menschen, die nur die gesündesten Sachen essen und ständig krank sind.

Was dir durch das Kreuz gehört, kannst du nur in deinem eigenen Herzen erleben. Erinnerst du dich, als wir über ein verkehrtes Herz sprachen, das nichts Gutes sieht? Das Gegenteil eines verkehrten Herzens ist ein unverfälschtes Herz. Dieses Herz stimmt mit Gott überein und glaubt, dass alles, was Gott in seinem Wort sagt, die Wahrheit ist. Je mehr unser Herz mit Gott und seinem Wort übereinstimmt, desto mehr werden wir all das erleben, was er uns bereits gegeben hat.

Schon oft erlebte ich das bei Menschen, denen ich diente. Ich betete für Leute, die seit Jahrzehnten an derselben Krankheit litten, ohne Heilung zu erfahren. Sobald ihr Herz die Lüge, dass sie diese Krankheit tragen müssten, zurückwies und sich auf die Wahrheit ausrichtete, dass Jesus die Krankheit bereits getragen hat, wurden sie augenblicklich geheilt.

Ich erinnere mich lebhaft daran, wie eine Frau mehr als 50 Jahre lang an denselben schrecklichen Krankheiten gelitten hatte. Nachdem sie schlagartig geheilt worden war, sagte der Herr zu mir: *„Sie hätte dieses Wunder schon vor über fünfzig Jahren erleben können, wenn ihr Herz damals nur daran geglaubt hätte."*

Ich lebte mit dem falschen Herzensglauben, dass ich nicht in der Lage sei, praktische handwerkliche Arbeiten auszuführen oder irgendetwas zu reparieren. Diese Worte hörte ich in meiner Kindheit hunderte Male und da ich mein Herz nicht bewahrt hatte, wurden diese Botschaften hineingeschrieben. Doch in Wahrheit lebt Jesus (der Zimmermann) in mir. Sein Leben ist mein Leben und seine Fähigkeit ist meine Fähigkeit.

Debi hat mir dabei geholfen, diese Herzensüberzeugungen zu ändern. Sie war so lieb, mir eine Werkzeugkiste und Werkzeuge zum Valentinstag zu kaufen. Dadurch machte sie von demselben Prinzip Gebrauch, das Gott bei Abraham anwandte, der sich etwas bildlich vorstellen musste, um es auf sein Herz schreiben zu können. Als ich meine falschen Herzensüberzeugungen verwarf und durch Meditation neue Botschaften auf mein Herz schrieb, erlebte ich eine unglaubliche Veränderung. Du kannst alles erleben, was Gott für dich hat, jedoch nur durch dein Herz.

EMOTIONALE SCHULD DES ANDEREN BEZAHLEN

Als ich gerade dabei war, diesen Teil des Buches zu schreiben, hielt ich kurz inne, um mit den beiden Menschen zu reden, die mit mir in meinem Büro arbeiten. Ich sagte zu ihnen, dass es besser sei, nie zu heiraten, wenn man nicht bereit ist, die emotionale Schuld des anderen zu bezahlen. (Beide sind ledig.) Wir alle haben emotionale Schulden, manche mehr, manche weniger. Was ich hier schreibe, soll auf keinen Fall missbraucht oder als Ausrede benutzt werden, um mit emotionalen Schulden zu leben. Es handelt sich einfach um eine ganz offensichtliche Wahrheit. Wenn wir im Leben verwundet werden, weil wir unser Herz nicht bewahrt haben, geraten wir in emotionale Schuld.

Stell dir vor, du hattest einen Vater, der nie für dich da war, weil er die Familie verlassen hat, als du ein Kind warst. Deine Mutter konnte dir nicht die Aufmerksamkeit schenken, die du gebraucht und dir gewünscht hättest. Dabei spielt der Grund, warum Menschen etwas getan haben, keine Rolle. Tatsache ist, sie haben es getan. Wir dürfen uns niemals anmaßen, zu wissen, *warum* sie es getan haben. Das wird unserem Herzen furchtbare Qualen und Leid zufügen. Wir werden emotionale Schuld auf uns laden, falls wir uns nicht mit unserem Herzen auseinandersetzen. Das bedeutet, alle Urteile loszulassen, von ganzem Herzen zu vergeben, die Verantwortung für den Schmerz, den wir in unser Herz gelassen haben, zu übernehmen und zu begreifen, dass unsere Wahrnehmung nur *unsere* Wahrnehmung ist und nicht zwangsläufig die Wahrheit.

Diese emotionale Schuld wird uns nicht bewusst sein, weil wir sie im Laufe der Zeit in die unterirdischen Kammern unseres Herzens verdrängt haben. Für unser bewusstes Denken schlummert sie dort verborgen, doch unser Herz, das voller zellularer Erinnerungen ist, vergisst sie nicht. Wenn mein Ehepartner, enge Freunde oder eine andere Person etwas tut, das mein Herz an diese emotionale Schuld erinnert, wird mein Herz mit Schmerz, Verurteilung, Wut oder anderen toxischen Gefühlen reagieren. Diese werden an unser Gehirn weitergeleitet, das wiederum den Gliedern unseres Körpers befiehlt, entsprechend zu handeln. Vielleicht blaffen wir die andere Person an, sind barsch oder werden sogar in Worten oder Taten ausfällig. Wenn das passiert, müssen wir, die wir aufgrund unserer emotionalen Schuld reagieren, die volle Verantwortung dafür übernehmen.

Manchmal sind wir allerdings auch der unschuldige Part in der Beziehung und wir haben nichts Falsches oder Sündiges getan. Dann sind wir überrascht oder oft schockiert darüber, wie etwas ganz Einfaches, das wir gesagt oder getan haben, eine so heftige Reaktion in der anderen Person, die wir wirklich lieben, auslösen kann. In solchen Situationen müssen wir bereit sein, ihre emotionale Schuld zu begleichen. Dies geschieht, indem wir in Gottes Art der Liebe wandeln, vergeben, und uns nicht verteidigen und versuchen, die andere Person davon zu überzeugen, dass wir nichts falsch gemacht haben. Still in unserem Herzen müssen wir bekennen, dass die Liebe geduldig und freundlich ist, und wir die Schuld des anderen bezahlen werden, so wie Jesus auch unsere Schuld bezahlt hat. Außerdem sollten wir uns an unsere eigenen Schulden erinnern, von denen es wahrscheinlich ebenfalls viele gibt, und dankbar sein, wenn andere sie bezahlen.

Gleichzeitig dürfen wir weder Schuld noch Scham annehmen, welche die andere Person uns oft aufzuerlegen versucht, um uns fühlen und glauben zu lassen, dass wir für ihre Reaktion verantwortlich sind. Das sind wir nicht. Wir haben lediglich eine lange vorhandene Schuld getriggert und an die Oberfläche gebracht.

Wenn wir wirklich gewillt sind, uns zu verändern, kann und wird der Heilige Geist uns emotionale Schuld offenbaren, damit wir uns ändern können. Sind wir dazu jedoch nicht bereit, kann selbst Gott uns nicht von den Dingen befreien, die wir lieben und an denen wir festhalten wollen. Das sollten wir bedenken.

BEKENNTNIS

Mein Herr, du bist so wunderbar. Wie leicht kann es doch geschehen, dass mein Herz auf Abwege gerät. Ich danke dir, dass du mir einen goldenen Schlüssel gegeben hast, nämlich dich die tiefste Sehnsucht meines Herzens stillen zu lassen. Von nun an mache ich dich zu demjenigen, der mein Herz zufriedenstellt. Dann kann und wird es nicht mehr fortgezogen werden.

Kapitel 15

Verantwortung übernehmen

Wenn wir wollen, dass sich unser Herz von einem verkehrten in ein verständiges verwandelt, müssen wir die volle Verantwortung für den gegenwärtigen Zustand unseres eigenen Herzens übernehmen. Manche Menschen haben aufgrund ihres Lebenswandels mit dem Herrn und ihrer Einstellung ein verständiges Herz. Doch auch bei ihnen bedarf es in einzelnen Bereichen noch einiger Anpassungen ihres Herzens. Als ich gelernt habe, dem Herrn fast täglich meinen Wunsch auszudrücken, mein Herz zu erforschen und mir jeden Bereich zu offenbaren, der verändert werden muss, fand ich heraus, wie gerne er dieses Gebet beantwortet.

> **Sprüche 16,1:** Die Pläne des Herzens sind Sache des Menschen, aber die rechte Antwort der Zunge kommt von dem HERRN.

Leider sind einige Übersetzungen der wirklichen Bedeutung dieses Verses nicht gerecht geworden. Hier wird uns gesagt, dass die *Pläne* des Herzens dem Menschen gehören. Die eigentliche Bedeutung dieses Wortes ist *Zubereitung, Gestaltung, Anordnung.* Das drückt genau aus, was

Gott zu sagen versucht. Solange wir andere Menschen, die Umstände, unsere Vergangenheit oder sonst irgendetwas für unsere Reaktionen verantwortlich machen, wird unser Herz unverändert bleiben. Im Lichte dessen, was ich dich bisher in diesem Buch gelehrt habe, solltest du immer das Verlangen haben, zu erkennen, was in deinem Herzen vor sich geht. Wenn du das tust, dann übernimm die Verantwortung für den Zustand deines Herzens und entscheide dich, ihn zu ändern.

Viele Menschen möchten am liebsten einfach von jemandem die Hände aufgelegt bekommen, der ein magisches Gebet spricht, durch das sie ein verändertes Herz erhalten. So hat Gott das aber nicht vorgesehen.

SCHRITTE ZUR NEUPROGRAMMIERUNG DEINES HERZENS

Der erste Schritt, um unser Herz neu zu programmieren, besteht darin, die Notwendigkeit einer Änderung zu erkennen. Anschließend müssen wir diese Veränderungen auch wirklich durchführen wollen. Außerdem ist es wichtig, die volle Verantwortung für den Zustand unseres Herzens zu übernehmen. Sobald wir diese Reise der Umgestaltung begonnen haben, gilt es, weiter an unserer Wahrnehmung zu arbeiten. Es bedarf der Erkenntnis, dass das, was du *für wahr hältst*, nicht unbedingt die tatsächliche Wahrheit ist, sondern lediglich deine Wahrnehmung.

Einer meiner Mentoren, der jahrzehntelang als Missionar in Seoul, Südkorea, tätig war, erzählte mir eine Geschichte, die das perfekt veranschaulicht. In einem Jahr besuchte der Direktor der amerikanischen Missionsorganisation die Missionare in Südkorea zu Weihnachten. Mein Freund John organisierte einen Abend mit Spiel und Spaß. Eines der Spiele bestand aus etlichen Schüsseln voller Wasser, in denen jeweils ein Apfel schwamm. Die Leute sollten ihr Gesicht ins Wasser tauchen und den Apfel nur mit den Zähnen herausholen, ohne mit den Händen zu helfen. John sah, wie der Missionsleiter seine Hände in die Schüssel steckte, und nahm das sofort als Mogelei wahr. Schockiert rief er: *„Bruder So-und-so, du darfst deine Hände nicht benutzen. Das ist Schummeln!"* Der Direktor zog seine Hände aus dem Wasser, blickte auf, drehte sich zu John und sagte: *„Ich versuche nur, meine Zähne aus dem Wasser zu fischen. Ich habe sie in der Schüssel verloren."* Wahrnehmung!

Ich war ein sehr schwieriges Kind und meine Kindheit war nicht einfach. Als eins von zehn Kindern wuchs ich in einem Pfarrhaus auf, das zu einem Kirchengebäude gehörte. Mein Vater hat mich oft sehr hart bestraft und ich wuchs mit der Wahrnehmung auf, er liebe mich nicht. Das war meine Wahrnehmung, aber sie entsprach nicht der Wahrheit. In Wirklichkeit tat mein Vater sein Bestes, um mich gut zu erziehen. Er war überfordert von dem Druck der Kirche, des Dienstes, einer großen Familie, die zu versorgen war, dem religiösen System, seiner Wahrnehmung von Gott und einem schwierigen Kind, das er großziehen musste.

Als Kind des Zweiten Weltkriegs hatte er nie die Liebe seines eigenen Vaters erfahren. Die Wahrnehmung, nicht von meinem Vater geliebt zu werden, die ich in meinem Herzen als Wahrheit verankert hatte, führte zu vielen schlimmen Folgen für mich. Sobald ich die Verantwortung für meine Wahrnehmung übernahm und diese losließ, weil ich begriffen hatte, dass sie nicht unbedingt der Wahrheit entsprach, fand ich Frieden in meinem Herzen. Wie wir gelernt haben, ist das Herz mit einem Filter vergleichbar. Wenn du dich entscheidest, an deinen Sichtweisen als Wahrheit festzuhalten, wirst du weiterhin alles durch diese Wahrnehmungen filtern. Dein Geist sagt deinem Herzen, dass du von deinem Vater im Himmel bedingungslos geliebt und angenommen bist. Solltest du jedoch nicht bereit sein, deine Wahrnehmung hinsichtlich deines irdischen Vaters loszulassen, wird die Botschaft deines Geistes durch dein Herz gefiltert und kommt genauso heraus wie das Wasser, das ich in den Kaffeefilter voller Hundekot gegossen habe.

Menschen, die als Kinder sexuell missbraucht wurden und vom Täter gesagt bekamen, er liebe sie wirklich, leben oft mit einer falschen Vorstellung von Liebe. Was ihr Herz als Liebe wahrnimmt, ist in Wirklichkeit Missbrauch oder sexuelle Freizügigkeit. Falls sie nicht lernen, an ihrem eigenen Herzen zu arbeiten und diese Wahrnehmungen loszulassen, wird ihr Herz sie immer wieder zu Menschen ziehen, die sie sexuell ausnutzen. Wenn der Schmerz in einer Beziehung zu tief und unerträglich für sie wird, brechen sie diese ab, nur um sich bald darauf in einer anderen missbräuchlichen Beziehung wiederzufinden. So kraftvoll ist das Herz.

LOSLASSEN

Wenn die Bibel uns sagt, wir sollen uneingeschränkt vergeben, so wie Gott uns in Jesus Christus vergeben hat, heißt das, loszulassen. Das griechische Wort im Neuen Testament für *vergeben* bedeutet so viel wie *wegschicken, indem man loslässt.* Nur du kannst dich entscheiden, alle deine Ausreden loszulassen und in die Freiheit einzutreten. Solange du darauf bestehst, dass deine Wahrnehmung die absolute Wahrheit ist, wirst du im Gefängnis deines eigenen Herzens eingesperrt bleiben.

Ein weiterer wichtiger Teil in dem Prozess, dein Herz zu verändern, ist es, die Macht des Urteilens zu verstehen. Wenn wir im Leben verwundet werden und sich dadurch Wahrnehmungen in unserem Herzen formen, fällen wir normalerweise ein Urteil. Das ist etwas sehr Gefährliches, denn es sperrt uns im Gefängnis des *Ichs* ein. Urteilen hat nichts damit zu tun, eine Situation allgemein zu bewerten, sondern zu beurteilen, *warum* eine Person etwas getan hat.

Ich werde dir ein Beispiel aus unserem eigenen Leben geben. Debi ist ein sehr kreativer Mensch mit einem besonderen Blick für Schönheit. Wenn wir durch ein Einkaufszentrum gingen, blieb sie oft vor einem Schaufenster stehen und äußerte starke Gefühle für ein schönes Kleid oder ein bestimmtes Kleidungsstück. Weil mein Herz nicht in Ordnung war, hatte ich eine verkehrte

Wahrnehmung und fällte ein falsches Urteil. Meiner Auffassung nach war sie mit der Kleidung, die sie bereits hatte, nicht zufrieden. Daraufhin urteilte ich, dass sie mich mit ihren Äußerungen überreden wollte, ihr das Kleid zu kaufen. Da wir damals mit finanziellen Begrenzungen lebten, verursachte dies bei mir jahrelang großen Stress und Reibereien in unserer Beziehung. Als wir darüber sprachen, stellte ich fest, dass Debi das Kleid gar nicht wollte. Sie brachte einfach nur ihre Wertschätzung für die Schönheit des Kleides zum Ausdruck.

Meine Kindheit und frühe Jugend waren verheerend gewesen. Ich war ein Opfer von sexuellem Missbrauch, geistlicher Manipulation, religiöser Scham und Schuld sowie materieller Armut. All diese Dinge schrieben verdrehte Botschaften in mein Herz. Ich akzeptierte all meine Wahrnehmungen als Wahrheit und war voll von zahlreichen Urteilssprüchen. Arme Debi, die zu Beginn unserer Ehe für all diese emotionale Schuld bezahlen musste.

Weil ich weder die Kraft meines Herzens verstand noch wusste, dass all diese falschen Herzensüberzeugungen an das Gehirn weitergegeben werden und sich dann durch meinen Körper in vielen zwanghaften Verhaltensweisen zeigen, war es sehr schwierig, mit mir zu leben. Ich war emotional extrem labil und sehr instabil. Ich war voller Ängste, hatte keinen Frieden, war ruhelos und kämpfte mit Selbstmordgedanken. Erst als ich endlich die volle Verantwortung für mein eigenes Herz übernahm, begann der wahre Prozess der Befreiung meines Herzens.

All diese schmerzhaften Dinge, die ich durchgemacht hatte, sind wirklich passiert, doch sie waren nicht das eigentliche Problem. Das echte Problem lag darin, dass ich falsche Wahrnehmungen in meinem Herzen akzeptiert hatte. Dies erklärt auch das Rätsel, warum zwei Menschen genau dieselbe schmerzhafte Situation durchleben können und eine Person geht daraus liebenswert und in guter Verfassung hervor, während die andere verbittert und zugrunde gerichtet ist. Unterhältst du dich mit ihnen, wirst du schnell feststellen, dass der eine an seiner Wahrnehmung als Wahrheit festhält und der andere sie losgelassen hat.

DIE LÜGE ÜBER DIE WAHL

Es gibt eine Lüge, die jedes Herz in Gefangenschaft halten wird. Sie lautet: Wir können uns nicht verändern. Gottes Aussage zufolge obliegt die Gestaltung des Herzens uns Menschen. Sollten wir diese Wahrheit ablehnen, indem wir an der Lüge festhalten, dass wir uns nicht ändern können, werden wir niemals frei sein. So viele Menschen haben schon zu mir gesagt: *„Ich wünschte, ich wäre in der Lage, etwas dagegen zu tun, aber ich kann es nicht.“* Diese Lüge müssen wir von ganzem Herzen ablehnen. Wir sind nicht als Opfer unserer Umstände oder anderer Menschen erschaffen worden, sondern als freie moralische Wesen mit der Fähigkeit, zu entscheiden, wie wir reagieren. Sofern du dich wirklich verändern willst, stehen dir die von Gott gegebenen Werkzeuge für die Umgestaltung deines Herzens zur Verfügung.

Denk darüber nach, mein lieber Freund. Wenn dein Herz die Lüge akzeptiert, dass du dich nicht ändern kannst, wird es diese Information an das Gehirn weitergeben und das Gehirn wird den Körper lähmen, so dass du nicht tun kannst, was nötig wäre. Unsere Seele ist unser Wille, mit dem wir wählen, ob wir frei sind oder in Gefangenschaft bleiben. Die Wahl und die erneute Bekräftigung dieser Entscheidung sind die ersten Schritte zu einer echten Herzensveränderung. Ausreden sind die Mauern des Gefängnisses deines verkehrten Herzens.

DIE VERGANGENHEIT MUSS LOSGELASSEN WERDEN

Ich kann verstehen, wie schwer es für viele Menschen ist, ihre Vergangenheit loszulassen. Die volle Verantwortung für das Loslassen der Vergangenheit zu übernehmen, macht uns jedoch zu einer verantwortungsvollen Person. Eines der wunderbarsten und kraftvollsten Dinge, die du tun kannst, ist zu entscheiden, dich von deiner eigenen Vergangenheit abzuschneiden. Wir trennen uns davon, indem wir allen und jedem uneingeschränkt vergeben, egal, was sie uns angetan haben. Etliche Christen machen den Teufel für viele Dinge verantwortlich, die nichts mit ihm zu tun haben. Was ihm jedoch in der Bibel zugeschrieben wird, bemerken sie nicht.

> **2. Korinther 2,10-11:** Wem ihr aber etwas vergebt, dem vergebe ich auch; denn

> wenn ich auch jemand etwas vergebe, so vergebe ich es um euretwillen, vor dem Angesicht des Christus, damit wir nicht von dem Satan übervorteilt werden; seine Absichten sind uns nämlich nicht unbekannt.

Wie die Bibel uns deutlich sagt, verschaffen wir dem Teufel einen Vorteil, wenn wir nicht bedingungslos vergeben. Warum sollte jemand mit gesundem Menschenverstand einem so bösen Wesen wie dem Teufel, der nichts als unsere Zerstörung im Sinn hat, irgendeinen Vorteil verschaffen? Deine Vergangenheit loszulassen und von ganzem Herzen zu vergeben ist daher ein unabdingbarer Schritt, um dein Herz zu verändern.

SICH MIT DEM HERZEN VON ANDEREN VERBINDEN

Das Herz von jedem Menschen hat eine Menge Informationen und Erinnerungen gespeichert. Es gibt ständig elektromagnetische Energie ab, die nicht nur mittels EKG gemessen, sondern auch innerhalb einer gewissen Entfernung vom Herzen einer anderen Person aufgenommen und verspürt werden kann. Informationen hinsichtlich des Gemütszustands einer Person sind im Magnetfeld des Herzens verschlüsselt und werden in den gesamten Körper und an die äußere Umgebung weitergeleitet.

Ich würde dir gerne all die detaillierten wissenschaftlichen Beweise mit sämtlichen Quellen vorlegen, die ich durch Forschung und Studien gefunden habe, und sie in mein Buch schreiben. Meine liebe Debi meint jedoch, das Buch wäre dann für die meisten Menschen zu kompliziert und unverständlich. Einfach ausgedrückt könnte man jedoch sagen, unser Herz strahlt die Informationen über unseren Gemütszustand in sämtliche Zellen innerhalb und außerhalb unseres Körpers aus. Unser Herz ist in der Lage, diese Informationen, die durch magnetische Strahlung übertragen werden, aufzufangen und zu empfinden. Je mehr wir gelernt haben, in einem Zustand der Herzkohärenz zu bleiben, das heißt, dass unser Herz positive Kontrolle ausübt, weil wir keine toxischen Gedanken und Gefühle mehr zulassen, desto mehr sind wir fähig die Informationen aus den Herzen anderer Menschen aufzunehmen.

Das ist eine wunderbare Art zu leben. Gott hat uns geschaffen, die Herzen unserer Mitmenschen zu spüren und uns mit ihnen zu verbinden. Genau das hat uns Gott in **Römer 12,15-16a** aufgetragen, als er sagte:

> Freut euch mit den sich Freuenden, weint mit den Weinenden! Seid gleichgesinnt gegeneinander.

Ich erinnere mich, wie ich eines Tages in einen Sonntagmorgen-Gottesdienst kam, um dort zu predigen. Während ich am Pastor vorbeiging, nahm mein Herz seine Herzfrequenz auf. Ich spürte so tiefen Schmerz und Verwirrung, dass ich auf ihn zuging, ihn fest umarmte und fast 20 Minuten lang nicht mehr losließ. Ich hatte keine Ahnung, was für eine schwierige und verwirrende Zeit er gerade durchmachte. Nach dem Gottesdienst erzählte er mir, wie viel Heilung er durch diese Umarmung empfangen habe.

Gleichzeitig müssen wir auch die Filterfunktion unseres Herzens beachten. Wir *dürfen nie* eine Person danach beurteilen, was wir in unserem Herzen über sie empfinden. Ich habe gesehen, wie dadurch Leben zerstört wurden. Menschen stellten das, was sie in ihrem Herzen über andere verspürten, so dar, als ob es eine Tatsache wäre. Sie beschuldigten andere verschiedener Sünden, die sie sehr stark empfanden, ohne zu verstehen, dass das Problem nicht im Herzen der anderen Person lag, sondern in ihrem eigenen. In ihrem Herzen befanden sich ungelöste Probleme, denen sie sich vielleicht nicht einmal bewusst waren. Dann fingen sie etwas aus dem Herzen der anderen Person auf, filterten es durch ihr eigenes Herz und zogen völlig falsche Schlüsse. Deshalb lehrt uns Gott, nicht zu urteilen. Auch Paulus sagte uns, dass wir keine Anschuldigungen gegen einen Leiter annehmen sollen, es sei denn, es gibt zwei oder drei Zeugen.

Eine weitere Gefahr besteht darin, das Herz einer anderen Person zu verspüren, jedoch selbst unsicher zu sein und Probleme im Herzen zu haben, die unbehandelt sind, so dass wir dann unser Herz mit dem ihren verbinden. Wir müssen lernen, uns nicht vom Herzen anderer Menschen in Mitleidenschaft ziehen zu lassen, sondern die Verantwortung für unser eigenes Herz zu übernehmen. Du musst dein Herz behüten. Wenn andere hassen, lügen und viel Negatives von sich geben, beschütze dein Herz und reagiere mit Liebe und Güte darauf. Ansonsten entscheidest du dich, anderen Zugang zu deinem Herzen zu gewähren und ihnen Kontrolle darüber zu geben.

BEKENNTNIS

Herr, du bist ein Genie. Du hast mich mit Entscheidungsbefugnis erschaffen. Danke, dass du kein penibel steuernder Kontrollfreak bist, sondern ein liebevoller und fürsorglicher Gott. Du wusstest, wie viele falsche Entscheidungen ich in meinem Leben treffen würde und hast mir trotzdem die Verantwortung für mein Leben übergeben. Von nun an werde ich sie weise nutzen.

Kapitel 16

Das wahre Problem

Bevor wir über das eigentliche Problem sprechen, muss ich noch etwas mehr auf das Thema Wahrnehmung und Urteilsvermögen eingehen. Immer wenn du in deinem Herzen eine Entscheidung bezüglich einer bestimmten Situation triffst, weil du zu wissen glaubst, *warum* etwas passiert ist, hast du ein Urteil gefällt. Dabei ist es wichtig zu verstehen, dass die Bibel auch über gesunde Urteile lehrt, die hier jedoch nicht gemeint sind.

Fährst du zum Beispiel auf der Straße und ein Auto vor dir bremst, dann musst du beurteilen, wann du ebenfalls auf die Bremse treten musst. Diese Art von Urteilen müssen wir jeden Tag fällen. Worüber wir nicht urteilen dürfen, ist anzunehmen, wir wüssten, *warum* die Person vor uns gerade gebremst hat.

Du könntest etwa so reagieren: „*Was für ein dämlicher Idiot, der ohne Grund auf die Bremse tritt.*" In dem Moment, in dem du ein solches Urteil fällst, weil du denkst, dass du den Grund für sein Handeln kennst, schreibst du eine Botschaft auf dein Herz. Das ist sehr gefährlich, denn es verkrümmt unsere Herzen.

Ich habe in meinem Leben viele solcher Urteile gefällt, wodurch mein Herz sehr verbogen wurde. Als ich mich entschloss, sie alle loszulassen und nicht mehr zu urteilen, wurde mein Herz von einer Menge selbstverschuldetem Schmerz frei.

DAS GESCHEHENE IST NICHT DAS EIGENTLICHE PROBLEM

Nicht die tatsächlichen Erinnerungen an das, was in deinem Leben passierte, sind das Problem, sondern vielmehr das, was du über diese Ereignisse glaubst.

Stell dir vor, du wärst gleich nach der Geburt zur Adoption freigegeben worden. Diese Erinnerung ist in deinem Herzen und in allen Zellen deines Körpers gespeichert. Die faktische Herzenserinnerung an das Ereignis ist nicht das Problem, sondern der Wert, den du ihm beimisst. Wenn du erwachsen wirst und herausfindest, dass deine Mutter dich bei der Geburt weggegeben hat, musst du entscheiden, welches Urteil du fällst. Triffst du die Wahl, zu glauben, dass du verlassen und abgelehnt wurdest, weil du unerwünscht warst, wird diese Wahrnehmung, die durch deine Entscheidung entstanden ist, zum eigentlichen Problem.

Das Herz wird als erstes Organ im Embryo gebildet. Geschehnisse aus der Zeit, als wir als Embryo im Bauch unserer Mutter waren, können bereits in unserem Herzgedächtnis gespeichert sein. Was wäre, wenn du erfährst, dass du bei der Geburt weggegeben wurdest, jedoch beschließt, kein Urteil zu fällen? Du entscheidest einfach, dass du zwar weggegeben wurdest, doch den Grund dafür kennst du nicht. In Wahrheit bist du nicht fähig, in das Herz deiner Mutter zu schauen. Deshalb weißt du auch nicht, *warum* sie so gehandelt hat.

Wenn du an ein vergangenes Ereignis denkst und starke Emotionen in dir aufsteigen, kannst du zweifelsfrei wissen, dass es sich um deine Herzensüberzeugungen in diesem Bereich handelt. Im weiteren Verlauf dieses Buches und vor allem durch die Meditationsübungen, die zusammen mit diesem Buch erhältlich sind, werden wir lernen, wie wir unser Herz umschreiben und diese toxischen Emotionen in gesunde umwandeln können.

SÜNDE IST NICHT DAS EIGENTLICHE PROBLEM

Wir sind geneigt zu glauben, unser größtes Problem sei die Sünde. Keineswegs möchte ich die Gefahr und die Verdorbenheit der Sünde herunterspielen. Dennoch ist sie nicht das wahre Problem. Egal wie sehr wir sündigen, Gottes vollkommene Liebe zu uns wird sich auf keinen Fall ändern. Jesus starb zur Vergebung all unserer Sünden, vergangene, gegenwärtige und zukünftige. Das eigentliche Problem ist das, was die Sünde mit unseren Herzen macht.

> **Hebräer 3,13:** Ermahnt einander vielmehr jeden Tag, solange es »Heute« heißt, damit nicht jemand unter euch verstockt wird durch den Betrug der Sünde!

> **Markus 7,21-23:** Denn von innen, *aus dem Herzen des Menschen*, kommen die bösen Gedanken hervor, Ehebruch, Unzucht, Mord, Diebstahl, Geiz, Bosheit, Betrug, Zügellosigkeit, Neid, Lästerung, Hochmut, Unvernunft. All dieses Böse kommt von innen heraus und verunreinigt den

> Menschen.
> (Hervorhebung durch den Autor)

Sünde beeinflusst demnach ganz eindeutig das Herz. Laut dem Hebräerbrief betrügt und verstockt die Sünde uns. Ebenso verbindet Jesus Sünde mit unserem Herzen. So schlimm Sünde mit all ihren Folgen auch ist, das verunreinigte Herz stellt das größere Problem dar.

DER TEUFEL IST NICHT DAS PROBLEM

Der Teufel wurde am Kreuz besiegt und hat keine Autorität über unser Leben. Ich erinnere mich, wie eines Tages eine verzweifelte Frau anrief und mir sagte, ihr Mann bräuchte Hilfe, weil er in den Ketten des Teufels gefangen sei. Nachdem ich etwa eine Stunde lang mit ihr gesprochen hatte, war sie endlich überzeugt und erkannte schließlich, dass die Ursache für das Problem nicht der Teufel, sondern das Herz ihres Mannes war.

Der Mann lebte schon seit langer Zeit im Ehebruch. Als sie ihn zur Rede stellte und die Ausrede, der Teufel sei schuld, nicht länger akzeptierte und er endlich die Verantwortung für sein eigenes Herz übernahm, ließ er von diesem sündigen Verhalten ab und die Ehe wurde wiederhergestellt.

> **Jakobus 1,14:** sondern jeder Einzelne wird versucht, wenn er von seiner eigenen Begierde gereizt und gelockt wird.

Wie wir sehen, werden wir von unseren Begierden fortgezogen und auf Abwege geführt. Diese Begierden entspringen aus unserem Herzen. Das wahre Problem sind immer die Überzeugungen des Herzens. Wenn dein Herz sich schuldig fühlt, gibt es diese Information an dein Gehirn weiter, das sie verarbeitet und allen Organen deines Körpers sagt, dass du Bestrafung verdienst. Jetzt wirst du Dinge tun, die dazu führen, dass du bestraft wirst. Vielleicht wirst du chronisch krank werden, du boykottierst eine wunderbare Beziehung, machst deinen eigenen Erfolg zunichte oder du triffst vielleicht eine Entscheidung, durch die du Geld verlierst. Dein Herz wird immer einen Weg finden, um sich auszudrücken. Aus diesem Grund kehren Frauen, die sich in missbräuchlichen Beziehungen befinden, solange wieder in solche Beziehungen zurück, bis sie ihr Herz verändern.

Göttliche Heilung ist ein faszinierendes Thema, das so viel mit dem Herzen zu tun hat. In der Bibel steht eindeutig geschrieben, dass Jesus höchstpersönlich jede einzelne unserer Krankheiten getragen hat. Das ist die absolute Wahrheit, daher weiß dein Geist das bereits, denn Gott hat diese Information in ihn hineingelegt. Weshalb leiden wir Christen dann immer noch an so vielen Krankheiten? Wie alles andere, was ich bisher sagte, hat das ebenfalls mit unserem Herzen zu tun. Schau dir diese beiden Bibelverse an:

> **Sprüche 14,30:** Ein gelassenes Herz ist das Leben des Leibes, aber Eifersucht ist Fraß in den Gebeinen.

> **Sprüche 17,22:** Ein fröhliches Herz fördert die Genesung, aber ein niedergeschlagener Geist dörrt das Gebein aus.

Hier wird ein gutes Herz unmittelbar mit der Gesundheit des Körpers in Verbindung gebracht. Der Ablauf ist ganz einfach. Dein Geist sagt zu deinem Herzen: *„Mach dir keine Sorgen. Jesus hat die Krankheit schon getragen."* Aber das Herz antwortet: *„Ich verdiene es zu leiden, weil ich so ein Versager bin"* oder: *„Ich verdiene diese Krankheit, sie ist selbstverschuldet"* oder: *„Gott will, dass ich krank bin, um mich etwas zu lehren"*. Jesus hat nicht nur unsere Krankheiten am Kreuz getragen, sondern Gott hat unseren Körper mit einem Immunsystem erschaffen, das ihn selbstständig heilen soll. Diese Erfahrung können wir nur machen, wenn unser Herz in Ordnung ist. Egal, aus welchem Blickwinkel wir es betrachten, das Problem ist immer das Herz.

ENTSCHEIDE, WER DU SEIN WILLST

Einer der kraftvollsten Schlüssel zur Veränderung unseres Herzens liegt im Verstehen der Kraft, die in uns steckt. Befasst man sich so intensiv mit einem Gedanken, auf den man fokussiert ist, bis er im Herzen erlebbar wird, entsteht als Resultat eine starke Emotion. Das ist wissenschaftlich erwiesen. Sobald du diese Emotion kreiert hast, fängst du an, dich wie ein neues Ich zu fühlen. Dieses neue Empfinden wird dir allmählich vertraut werden. Es hat eine so kraftvolle Wirkung auf deinen Körper, dass dadurch buchstäblich eine Veränderung deiner Gene einsetzt. Dein Körper beginnt nun, sich zu verändern. Jetzt befindest du dich in einem Zustand, in dem dein Herz und dein Körper miteinander kohärent sind, also in Einklang stehen.

Wiederholst du diesen Vorgang konsequent, wird dir der Zustand der Herzkohärenz vertraut werden. Eine radikale Veränderung wirst du dann erleben, wenn du dich disziplinieren kannst, diesen Herzenszustand aufrechtzuerhalten, unabhängig von äußeren Umständen oder deinen körperlichen oder emotionalen Bedürfnissen.

Was die Wissenschaft beweist, sagte der Prophet Jesaja bereits vor Tausenden von Jahren.

> **Jesaja 26,3:** Einem festen Herzen bewahrst du den Frieden, den Frieden, weil es auf dich vertraut.

Als ich die kraftvolle Wahrheit dieser Schriftstelle sah, explodierte mein Herz vor Begeisterung. Als erstes möchte ich dich darauf hinweisen, dass es das Wort *du* im hebräischen Original nicht gibt. Als zweites solltest du das Wort *Frieden* beachten. Es ist das hebräische Wort *Shalom*, das *Vollständigkeit, Sicherheit, Gesundheit und Wohlstand* beinhaltet. All diese wunderbaren Dinge können wir demnach erleben. Die große Frage ist, *wie* wir das alles erleben können.

Gemäß dem obigen Vers werden diejenigen, die ihr Herz auf Gott richten, diese Dinge erfahren. Daher möchte ich deine Aufmerksamkeit auf die Tatsache lenken, dass für das Wort *Herz* in dieser Bibelstelle eigentlich der Ausdruck *Vorstellungsvermögen* verwendet wird. Es ist das gleiche Wort wie bei der ersten Erwähnung des Herzens in 1. Mose 6,5. Dort heißt es, dass wir durch das Anwenden der Vorstellungskraft Botschaften auf unser Herz schreiben.

Als Letztes sollten wir die doppelte Verwendung des Wortes *Shalom* beachten. Dieser Vers bedeutet ursprünglich: „*Derjenige, der sich durch sein Vorstellungsvermögen in Gott sieht, wird Frieden, Wohlstand, Schutz und Gesundheit erfahren.*" Wörtlich übersetzt würde er in etwa lauten: „*Derjenige wird in Frieden Frieden bewahrt, der durch sein Vorstellungsvermögen ein Bild auf sein Herz malt, wie er in Gott geborgen ist.*" Daher spricht die Bibel von *vollkommenem Frieden*, damit wir seine Kraft verstehen können.

Nicht Gott schenkt dir all diese Vorteile, wenn du ihm vertraust. Vielmehr wirst *du*, wenn *du* diese bildliche Vorstellung auf dein Herz malst, selbst in der Lage sein, all diese unglaublichen Vorteile zu nutzen, die dir *bereits* zur Verfügung gestellt wurden:

> **2. Korinther 10,4-5:** denn die Waffen unseres Kampfes sind nicht fleischlich, sondern mächtig durch Gott zur Zerstörung von Festungen, sodass wir Vernunftschlüsse zerstören und jede Höhe, die sich gegen die Erkenntnis Gottes erhebt, und jeden Gedanken gefangen nehmen zum Gehorsam gegen Christus,

Wie in dieser Bibelstelle deutlich wird, ist unser wahrer Kampf nicht gegen den Teufel, sondern in unserem eigenen Herzen. Paulus zufolge hat Gott uns kraftvolle Waffen gegeben, um Festungen, Argumente und Hochmut zu zerstören und Gedanken gefangen nehmen zu können.

Erinnerst du dich, als wir sagten, dass deine Gedanken nicht aus deinem Gehirn kommen, sondern aus deinem Herzen? Daher findet dein wahrer Kampf nicht gegen einen starken Teufel statt, sondern in deinem eigenen Herzen. Wenn du lernst, diesen Kampf gut zu führen, wird dein Leben von unvorstellbarer Qualität und voll Sieg sein.

BEKENNTNIS

Vater im Himmel, danke, dass du mir die Augen geöffnet und mich von so vielen religiösen Lügen befreit hast. Ich erkenne, dass mein Herz der Schlüssel zu einem Leben in Fülle ist. Ich entscheide mich für ein Leben in Fülle und sehne mich danach, weil Jesus einen so hohen Preis dafür bezahlt hat. Ich werde sorgfältig auf mein Herz aufpassen und es wie einen wunderschönen Garten hegen und pflegen.

KAPITEL 17

KONDITIONIERTE HERZEN

Am Anfang dieses Buches habe ich sehr deutlich gemacht, dass ich gewisse Dinge immer und immer und immer wieder bekräftigen werde (☺). Nachdem dir die Notwendigkeit, dein Herz zu ändern bewusst geworden ist, erfordert jede echte Herzensveränderung die Kraft deiner Entscheidung. Viele Menschen erkennen, wie wichtig es ist, ihr Herz zu verändern, aber sie geben sich keine Mühe, es tatsächlich zu tun. *"Indecision paralyses"* (Unentschlossenheit lähmt), heißt es in einem Lied eines meiner Lieblingsmusiker. Du kannst dieses Buch 20 Mal lesen, doch wenn du dich nicht *entscheidest*, dich zu verändern, wird nichts passieren.

In Bezug auf die Umgestaltung des Herzens ist es unerlässlich, dich dafür zu entscheiden, dass die einzige Gerechtigkeit, die vor Gott existiert, die Gerechtigkeit aus Glauben als frei verfügbares Geschenk ist. Dies ist der Ausgangspunkt jeder Herzensveränderung.

Um das besser zu verstehen, denke einmal über Folgendes nach: Um das Wunder der göttlichen Heilung empfangen zu können, musst du dich zuerst in deinem eigenen Herzen als geheilt sehen. Doch wenn du dich selbst nicht als absolut gerecht in Jesus Christus siehst, mit einer wiederhergestellten Unschuld durch das Kreuz, kannst du jeden Bibelvers über Heilung auswendig lernen, aber du wirst nicht geheilt werden.

Dein Herz ist sehr kraftvoll und es lässt sich nicht täuschen, das musst du begreifen. Es weiß, dass Sünder keine Heilung verdienen, auch wenn sie durch Gnade gerettet wurden, denn Krankheit war eine Folge der Sünde. Wenn dein Herz glaubt, dass du nicht gerecht bist, weil du ungerechte Dinge getan hast, wird es nicht in der Lage sein, das Geschenk der Heilung zu empfangen. Du musst dir deshalb Zeit nehmen, das Bild auf die Leinwand deines Herzens zu malen, dass du aufgrund des vollständigen Opfers Christi vor Gott gerecht dastehst. Dann ist dein Herz leicht davon zu überzeugen, dass Heilung dir gehört, weil es bereits weiß, dass du gerecht bist und sie folglich verdienst.

WIDERSPRÜCHLICHE BOTSCHAFTEN IN UNSEREN HERZEN

Dies ist ein häufiges Phänomen, welches ich immer wieder beobachtet habe. Menschen hören die Botschaft vom vollbrachten Werk des Kreuzes und sind begeistert. Sie fangen an, die Gott-Fakten über ihr Leben zu proklamieren und zu verkünden. Wie ich in meinem Buch *Leben ohne Begrenzungen* erkläre, sind Gott-Fakten keine Verheißungen, sondern Dinge, die Jesus uns durch das Kreuz zur Verfügung gestellt hat. Sobald wir versuchen, unser Herz von diesen Wahrheiten zu überzeugen, beginnt der Krieg in unserem Herzen. Wir fangen an zu meditieren, dass wir in Christus geliebt und angenommen sind, aber während wir diese Bilder formen, bekämpft die alte Botschaft die neue, die wir zu schreiben versuchen. Solange wir uns nicht entscheiden, diese negativen Botschaften aus unserem Herzen zu verbannen, können wir die neue Botschaft nicht hineinschreiben.

Ich erinnere mich noch gut daran, wie der Herr zu mir sprach: „*Reinhard, es ist wunderbar, wie sehr du dich bemühst, das vollbrachte Werk des Kreuzes für dich zu ergreifen. Aber es wird nicht funktionieren, wenn du nicht auch allem entsagst, was dem vollbrachten Werk am Kreuz entgegensteht.*"

Um das Ganze praktisch zu verdeutlichen, stell es dir wie folgt vor. Du versuchst in deinem Herzen das Bild zu malen, durch Christus vollkommen geheilt zu sein. Aber du hast jahrelange religiöse Lügen in deinem Herzen zugelassen. Daher befindet sich dort bereits das Bild, dass du es verdient hast zu leiden. Was du tun musst ist, dieses falsche Bild zu entfernen, damit du eine saubere Leinwand hast, um das richtige Bild zu zeichnen. Du löschst falsche Bilder aus, indem du deinem Herzen mitteilst, dass es Lügen sind, die du nicht mehr akzeptierst. Komm zur Ruhe, geh in deine Herzenszone und wenn diese Bilder auftauchen, entscheide dich zu sagen: „*Ich schicke dich weg. Du bist nicht länger Teil von mir.*" Und dann siehst du in deiner Vorstellung, wie dieses falsche Bild dein Herz verlässt.

Das musste ich im Bereich göttlicher Versorgung unablässig tun. Ich begann klar zu erkennen, wie mir durch das Kreuz alles gegeben worden war, was ich für ein fruchtbares und erfolgreiches Leben brauchte. Als ich anfing, dieses Bild durch Meditation und Vorstellungskraft auf mein Herz zu malen, indem ich alle richtigen Bibelstellen benutzte, tauchte dort immer wieder das Bild auf, wie ich als Zeichen der Heiligkeit in Armut lebe. Dann fing ich an zu sagen: „*Das ist eine Lüge, die ich ablehne. Gott hasst die Armut und ich auch; du gehörst darum nicht mehr länger zu meinem Herzen. Ich schicke dich weg.*“ Dadurch wurde dieses Bild entfernt und ich konnte ein neues malen.

Wir müssen auch jede Selbstgerechtigkeit in unserem Leben vehement zurückweisen. Selbstgerechtigkeit wird uns davon abhalten, unser Herz davon zu überzeugen, dass wir alles, was Gott für uns vorbereitet hat, als Geschenk bekommen können und nicht aufgrund von Werken. Indem wir Selbstgerechtigkeit aus unserem Herzen beseitigen, fangen wir an, uns selbst als vollkommen gerecht zu betrachten. Damit sind nun alle anderen Optionen ausgeschlossen. Die einzig verbleibende Möglichkeit besteht darin, alles zu haben, was einem gerechten Menschen zusteht. In der Bibel steht ganz klar, dass eine gerechte Person Erfolg, Gesundheit, Sieg, Schutz, Gottes Gunst, Versorgung und jedes andere gute Geschenk aus der Hand Gottes verdient.

DER GEFÄHRLICHE HERZENSGLAUBE

Denke daran, wenn wir über Herzensglauben sprechen, kann es sein, dass du dir dessen bewusst bist oder auch nicht. Es gibt eine sehr gefährliche Herzensüberzeugung, mit der viele Christen leben, ohne sich dessen bewusst zu sein. Sie lautet: „*Gerettet durch Glauben, aber gerecht durch*

Werke. "Du kannst mit fast jedem Christen sprechen und alle würden dir versichern, dass sie das nicht glauben. Vor langer Zeit habe ich bereits gelernt, dass das, was man *vorgibt* zu glauben, nicht unbedingt dem entspricht, was man tatsächlich glaubt. Häufig versuchen Menschen, mich davon zu überzeugen, dass sie an etwas glauben, beispielsweise an ein Geschehnis, das sie sich wünschen. Aber wenn du ihr Verhalten in Krisenzeiten beobachtest, wird schnell klar, dass ihr Herz nicht wirklich glaubt, was sie sagen.

Ich möchte dich erneut daran erinnern: Das Herz teilt dem Gehirn mit, was du tatsächlich glaubst. Das Gehirn verarbeitet diese Informationen und gibt deinem Körper Befehle. Der Körper gehorcht dann diesen Befehlen, die vom Herzen kommen. Bewusst würden alle Christen bestätigen, dass sie überzeugt davon sind, durch den Glauben gerecht zu sein. Doch ihr wahrer Herzensglaube wird anhand ihres Verhaltens in schwierigen Zeiten schnell offenbart werden. In Krisen versuchen sie, durch Gebet, Fasten oder gute Werke für Gott etwas von ihm zu bekommen. Das zeigt, was wirklich in ihrem Herzen ist.

UNSERE HERZEN WURDEN KONDITIONIERT

Unsere Herzen wurden darauf konditioniert, alles anhand der Kategorien *Leid* oder *Freude* zu beurteilen. Überlege einmal, wie viele Stunden du seit deiner frühen Kindheit damit verbracht hast, dein eigenes Herz zu konditionieren, indem du fernsiehst oder im Internet surfst.

Ich habe schon immer geglaubt, und heute glaube ich das mehr denn je, dass der Teufel alles in seiner Macht Stehende unternehmen wird, um das Herz der Menschen zu erreichen. Dazu benutzt er Eltern, Autoritätspersonen, Medien und zahlreiche andere Wege. Durch die Werbung wurde uns permanent eingetrichtert, gewisse Dinge als angenehm einzustufen und andere als leidbringend. Dabei war uns allerdings nicht bewusst, dass wir dabei unser Herz für diese Dinge öffnen. Wenn wir diese Bilder sehen und sie mit Gefühlen vermischen (im Sinne von „Ich brauche das wiiiiiiiiirklich!"), konditionieren wir unser Herz.

Unsere Herzen haben viele dieser Lügen geglaubt. Da das Herz die Richtung unseres Lebens bestimmt, geraten wir in Schwierigkeiten. Die meisten Menschen können das folgende Beispiel gut nachempfinden.

Wir haben uns für etwas verschuldet, was wir nicht wirklich brauchten, aber unbedingt haben wollten. Dies brachte uns viel Leid. Uns wurde erzählt, wenn wir diese Sache hätten, würde sie uns Freude bereiten, hätten wir sie nicht, müssten wir unter den Nachteilen leiden. Nachdem Gott uns für Freude und nicht für Leid erschaffen hat, handelte unser Körper, indem er diese Sache entsprechend den Lügen, die wir zuvor auf unser Herz geschrieben hatten, kaufte.

Ich kenne so viele verschuldete Menschen, die sehr darunter leiden und trotzdem keine nennenswerten Fortschritte machen. Ich finde es schockierend, wie sie trotz der schrecklichen Folgen immer wieder nach demselben

Muster handeln. Das ergab für mich lange keinen Sinn, bis ich die Funktionsweise des Herzens verstanden hatte. Heute ist dies für mich vollkommen logisch. Wenn wir den Menschen sagen, sie sollen aufhören, Dinge zu kaufen, die sie sich nicht leisten können, wird dies das Problem nicht lösen. Es kann nur auf der Ebene des Herzens gelöst werden. Wir müssen die Lüge zurückweisen, dass wahre Freude durch *Dinge* entsteht.

Ich glaube keinesfalls, Gott sei dagegen, dass wir schöne Dinge haben. Darum geht es gar nicht. Das eigentliche Thema ist der falsche Herzensglaube. Gott selbst hat uns für Freude geschaffen. Wir sind sein Schatz, an dem er großes Wohlgefallen hat. Und er ist unser Schatz.

> **Psalm 16,11:** Du zeigst mir den Weg zum Leben. Dort, wo du bist, gibt es Freude in Fülle; ungetrübtes Glück hält deine Hand ewig bereit. (NGÜ)

Hier lesen wir eindeutig, dass in Gottes Gegenwart Freude in Fülle ist und ewiges Glück zu seiner Rechten. Sobald wir unser Herz davon überzeugt haben, dass es keine größere Freude gibt als Gottes Liebe, Akzeptanz und Fürsorge für uns, wird unser Herz erfüllt sein. Dann, und nur dann, können wir die guten Dinge, die Gott für uns vorbereitet hat, während wir auf dieser Erde unterwegs sind, wirklich genießen. Meiner Ansicht nach sind die einzigen Menschen, die all die materiellen Güter, die Gott für uns bereithält, wirklich genießen können, diejenigen, deren Herz Freude am Herrn gefunden hat.

DEIN HERZ NEU KONDITIONIEREN

Wir müssen unser Herz von der falschen Konditionierung befreien. Jede Zelle deines Körpers besitzt Erinnerungen. Was dein Herz wirklich glaubt, wird nicht nur an dein Gehirn weitergegeben, sondern auch an jede Körperzelle.

1983 bot Coca-Cola Michael Jackson eine Million Dollar an, um einen Werbespot für sie zu produzieren. Er lehnte das Angebot ab. Noch im selben Jahr, im November 1983, bezahlte Pepsi Michael Jackson zwanzig Millionen Dollar, damit er einen Werbespot für sie drehte. Ich habe ein wenig recherchiert und herausgefunden, aus welchem Grund Pepsi bereit war, eine so hohe Summe zu zahlen. Sie waren überzeugt, dass Michael Jackson die Herzen der Menschen beeinflussen konnte.

Solange wir nicht bereit sind, unser eigenes Herz von diesen Lügen zu säubern, die wir geglaubt und verinnerlicht haben, werden wir nicht in die wahre Freiheit eintreten können. Wir müssen diese Lügen wegschicken und unser Herz davon überzeugen, dass wahre Freude aus der Vertrautheit mit Gott kommt, und wahres Leid entsteht, wenn diese Vertrautheit gestört wird. Dann können wir mit zufriedenem Herzen in dauerhafter Freude leben und all die guten Dinge genießen, die Gott für uns bereithält.

DIE 21-TAGE-HERAUSFORDERUNG

Ich möchte dich einladen, dich mit mir auf eine 21-tägige Herausforderung einzulassen. Sie ist einfach, aber sehr kraftvoll. Dein Gehirn kann in 21 Tagen neu programmiert werden. Neue Neuronen sowie neue neurologische Bahnen können geschaffen werden. Erinnere dich, du denkst mit deinem Herzen, das wiederum dein Gehirn beeinflusst.

Hier ist die Herausforderung für die nächsten 21 Tage. Unmittelbar nach dem Aufstehen, bevor du irgendetwas anderes tust, bringst du dein Herz zur Ruhe. Gut wäre es, wenn du einige Herz-Atemübungen machen könntest, welche ich in den Meditationsaudios erkläre, die mit diesem Buch einhergehen. Dann denkst du bewusst an drei Dinge, für die du an diesem Tag dankbar sein möchtest. Du schreibst sie auf. Anschließend konzentrierst du dich auf dein Herz und stellst dir diese drei Dinge vor, indem du Bilder in deinem Herzen kreierst. Dafür brauchst du ungefähr 10 Minuten.

Wenn ich zum Beispiel dankbar für das heutige Essen bin, stelle ich mir vor, wie ich mich hinsetze und dieses Essen wirklich genieße. Ich sehe mich selbst, wie ich es esse und schmecke. Das mache ich so lange, bis ich in meinem Herzen spüre, was ich denke. Wenn ich für meinen Ehepartner dankbar bin, stelle ich mir vor, wie ich ihn in meinen Armen halte und ihm Worte der Liebe und Zuneigung ins Ohr flüstere. Was Jesus am Kreuz getan hat, gibt uns genug Stoff, um für den Rest unseres Lebens Tag und Nacht dankbar zu sein. Wir müssen bewusster dankbar sein, so wie ein kleines Mädchen in

China betete: *„Jesus, falls du nie mehr etwas für mich tust, ist das in Ordnung. Für mich zu sterben war genug, um mir deine Liebe zu beweisen."*

Wenn du das morgens durchgeführt hast, musst du es noch einmal wiederholen, bevor du abends ins Bett gehst. Nimm den Zettel mit denselben drei Punkten und mach die gleichen Übungen. Am nächsten Tag solltest du an drei neue Sachen denken. Vielleicht bist du dankbar, dieses Buch zu haben. Wenn du dies an 21 aufeinanderfolgenden Tagen gewissenhaft praktizierst, wirst du erstaunt sein, wie sich dein Herz verändert. Ich könnte eine ganze Bibelarbeit, wahrscheinlich sogar ein ganzes Buch, über die Kraft der Dankbarkeit schreiben.

BEKENNTNIS

Jesus, ich habe nicht nur erkannt, wie mein Herz konditioniert wurde, sondern du hast mir in deiner Liebe und Güte auch gezeigt, wie ich es neu programmieren kann. Heiliger Geist, ich vertraue dir, dass du mir hilfst, mein Herz neu zu konditionieren, um deinen wunderbaren Namen zu verherrlichen.

KAPITEL 18

DIE KRAFT DER ERINNERUNGEN

Die Bibel spricht sehr deutlich und ausführlich über die Kraft des Erinnerns. Gott selbst hat uns mit der Fähigkeit der Erinnerung geschaffen. Doch wie in vielen anderen Bereichen unseres Lebens haben wir das, was Gott zum Guten gedacht hat, zum Schlechten verwendet. Wir müssen uns immer wieder daran erinnern, dass Gott uns als freie moralische Wesen geschaffen hat. Als solche gab er uns die Fähigkeit, uns zu entscheiden. Gott erschuf den Menschen mit der Macht zu wählen, ob er von dem Baum essen will oder nicht. Gott sagte dem Volk Israel: *„Ich habe euch Leben und Tod vor Augen geführt, Ihr entscheidet.“* (vgl. 5. Mose 30,15).

Jeder Einzelne von uns hat viele Erinnerungen in seinem Herzen gespeichert, und da es das Zentrum unseres wahren Ichs ist, entspringen dort auch unsere Entscheidungen. Falls du dich entscheidest, an deinen schmerzhaften und negativen Erinnerungen festzuhalten, kann dein Leben niemals fruchtbar und siegreich sein, weil diese Erinnerungen an jede Zelle deines Körpers weitergeleitet werden. Du hast allerdings das Recht zu wählen. Mein Herz brennt leidenschaftlich, den Menschen diese Wahrheiten zu vermitteln. Wie viele Leute sind in den

Gefängnissen ihrer Erinnerungen an die Vergangenheit eingeschlossen!

Es ist eine Lüge, zu glauben, wir könnten die Erinnerungen in unserem Herzen nicht ändern. Wie ich dir in diesem Buch bereits berichtet habe, erlebte Dr. Teri Speed bei medizinisch unheilbaren Krankheiten unzählige Wunder der Spontanheilung durch Veränderung der Erinnerungen. In ihren Studien fand sie heraus, dass negative und schmerzhafte Erinnerungen Toxine im Gehirn freisetzen, die den Körper häufig krank machen. Sobald diese Giftausschüttung gestoppt wird und gesunde Chemikalien durch das Erzeugen positiver Erinnerungen freigesetzt werden, empfängt der Körper seine Heilung.

Oftmals sind die Folgen negativer Erinnerungen keine körperlichen Krankheiten, sondern zwanghafte Verhaltensweisen oder Süchte. Auch Wutausbrüche wegen kleinsten Problemen, Ungeduld, die Unfähigkeit zu vertrauen, viele sexuell ausschweifende Verhaltensweisen oder anderes Fehlverhalten sind möglich.

GOTT DENKT NICHT MEHR DARAN

Uns wurde erzählt, dass Gott sich nicht mehr an unsere Sünden erinnert. Doch Gott ist keinesfalls vergesslich. Wenn er nicht mehr an unsere Sünden denkt, spricht er von der Entscheidung, seine Erinnerung zu verändern. Sobald Gott uns ansieht, erinnert er sich an das Opfer am Kreuz anstatt an unsere Sünden. Wir sehen, dass

Gott seine negative Erinnerung durch eine positive ersetzt hat.

Ich habe mich immer gefragt, was es bedeutet, wenn die Bibel sagt, dass Gott unserer Sünden nicht mehr gedenken wird; eine Wahrheit wird im Zusammenhang mit dem Neuen Bund erwähnt (vgl. Jer. 31,34). Durch diesen Neuen Bund tritt Gott nur noch durch das vollbrachte Werk des Kreuzes mit uns in Verbindung. Wir haben das gerechte Wesen Christi empfangen und sind allein durch Christus zu vollkommener Unschuld wiederhergestellt.

Denke daran, die Bibel nennt Gott einen Herzens-Gott. Durch seine eigene Entscheidung der Liebe hat er seine Erinnerung an uns verändert. Er ließ die schmerzhafte Erinnerung an unsere Sünden los und überschrieb sie in seinem eigenen Herzen mit der Erinnerung an unsere Gerechtigkeit in Christus. So wie Gott handelte, können auch wir es tun.

DIE KRAFT DER ASSOZIATION

Da wir in Gottes Ebenbild geschaffen wurden und genauso wie Jesus sind, haben wir ebenfalls die Fähigkeit, unsere Erinnerungen zu verändern. Das Problem dabei liegt nicht an den Erinnerungen an sich, sondern an unsere Assoziationen mit diesen Erinnerungen. Ich habe dir bereits erklärt, dass Gott nicht vergesslich ist und dennoch seine Erinnerungen verändert hat. Hebräer 6,10 sagt uns, Gott vergisst nicht unser Werk der Liebe, das wir den Heiligen erwiesen haben. Und Gott vergisst nicht, dass wir gesündigt haben, doch er verknüpft diese Erinnerung mit dem Blut von Jesus Christus, der dafür bezahlt hat.

Wenn ich davon spreche, unsere Erinnerungen zu verändern, meine ich nicht, sie zu vergessen. Die Erinnerung an meinen sexuellen Missbrauch in der Kindheit war so schmerzhaft, dass sie fast mein Leben zerstört hätte. Deshalb habe ich sie viele, viele Jahre lang im hintersten Winkel meines Herzens verdrängt. Ich war nicht in der Lage, darüber nachzudenken oder zu sprechen, ohne in Tränen auszubrechen. Diese Erinnerungen waren so schmerzhaft und toxisch, ich konnte sie nicht ertragen. Als Gott mich lehrte, wie ich mein eigenes Herz verändere, lernte ich auch, sie zu erneuern. Heute bin ich in der Lage, frei über diese Erfahrungen zu sprechen, ohne den geringsten Schmerz dabei zu empfinden.

Dein Vater mag ein entsetzlicher oder ein wunderbarer Vater gewesen sein, aber keins von beiden ist entscheidend. Wichtig ist, was du mit der Erinnerung an deinen Vater verbindest. Das wird deutlich, sobald wir Geschwister treffen, die in derselben Familie aufgewachsen sind. Im Allgemeinen wurden sie von ihren Eltern alle relativ gleich behandelt. Doch oft hat ein Kind vollkommen andere Erinnerungen an ein Erlebnis als die übrigen Geschwister. Der eine spricht mit tiefem Schmerz im Herzen über seine Kindheit, während die anderen dieselben Ereignisse ohne einen Hauch von Schmerz beschreiben können. Es scheint fast, als wären diese Geschwister in unterschiedlichen Elternhäusern aufgewachsen.

Wir denken mit dem Herzen, und erinnern uns deshalb auch mit dem Herzen. Die Erinnerung an unsere Vergangenheit und die damaligen Ereignisse unterscheiden sich von dem, was wirklich geschehen ist, denn unser Herz denkt nicht rational. Unsere Erinnerung basiert auf dem, was wir mit ihr assoziieren.

Vor vielen Jahren wurde ich gebeten, ein Paar zu trauen, das sich in einer von uns gegründeten Gemeinde in einem kleinen Dorf in Österreich bekehrt hatte, in dem es keinerlei Christen gab. Damals galten evangelikale Gemeinden in Österreich als Sekten. Als ich mit dem Paar zusammensaß, um den Hochzeitstag zu planen, riet ich ihnen, die Hochzeit so zu gestalten, wie sie es sich wünschten, und sich nicht um die Meinung der anderen Familienmitglieder zu kümmern. Die Eltern des Paares waren keine Christen und brachten ihren Hass gegenüber Christen sehr deutlich zum Ausdruck. Die eigentliche Hochzeitszeremonie war wirklich schön. Danach, beim Empfang, verhielten sich die Familien der beiden hingegen hasserfüllt und provokativ gegenüber sämtlichen christlichen Freunden des Paares. Das Ganze endete in einem Desaster und mit vielen Tränen für die Braut.

Viele Jahre später saß ich wieder mit diesem Paar zusammen und fand heraus, dass die Frau beim Betrachten ihrer Hochzeitsfotos oder sogar beim Gespräch über diesen Tag jedes Mal in Tränen ausbrach, weil diese schmerzhaften Erinnerungen in ihrem Herzen aufstiegen. Die Ereignisse waren jedoch nicht das eigentliche Problem. (Jesus selbst hat uns gelehrt, dass wir uns freuen sollen, wenn wir verfolgt werden.) Hätte sie sich dafür entschieden, ihren Hochzeitstag mit dem Duft der zauberhaften Blumen, dem schönen, warmen und sonnigen Tag, dem guten Essen, den wunderbaren christlichen Freunden und der schönen Hochzeitszeremonie zu assoziieren, würde sie diese schmerzhaften Erinnerungen nicht haben. Sie entschied, was sie mit dieser Erinnerung verband.

Ich habe mit vielen Frauen zusammengesessen, die ein Kind im Mutterleib verloren hatten. Die meisten von ihnen fielen in eine tiefe Depression, endlose Trauer und lebten mit einer toxischen Erinnerung an das Erlebnis. Eine wunderbare Freundin von mir, die sich gewünscht hatte, schwanger zu werden, war begeistert, als es endlich klappte. All ihre Freunde freuten sich mit ihr, als sie ihren Bauch wachsen sahen. Dann kam die Nachricht, dass das Baby im Mutterleib gestorben sei. Doch diese Freundin entschied sich dafür, die Erinnerung mit der Wahrheit zu verknüpfen, dass ihr kleines Kind jetzt im Himmel mit Jesus tanzt. Ich kann mich nicht erinnern, jemals jemanden gesehen zu haben, der den Verlust eines Babys so freudig und siegreich verarbeitet hat. Als sie darüber sprach, konnte man spüren, dass in ihrem Herzen keinen Schmerz war. Heute ist sie die Mutter eines wunderbaren kleinen Jungen. Was wäre wohl passiert, als sie erneut schwanger wurde, wenn sie eine schmerzhafte Erinnerung mit diesem Ereignis verknüpft hätte? Hätte sie ihr Herz für die Angst geöffnet, auch das zweite Baby zu verlieren?

DIE KRAFT DES WERTES

Unsere Erinnerungen richten sich nach dem Wert, den wir ihnen in dem Moment beimessen, in dem wir uns an sie erinnern. Dein Mann hatte zum Beispiel eine Affäre und verließ dich für eine andere Frau. Oder vielleicht hatten deine Mutter und dein Vater nie Zeit für dich und sie haben dem Geld mehr Bedeutung beigemessen als dir. Fünfzig Jahre später kann dies immer noch eine schmerzhafte Erinnerung in deinem Herzen sein. Das eigentliche Problem besteht jedoch nicht darin, ob es sich so ereignet hat oder nicht. Der Wert, den du diesem Ereignis beimisst, wenn du dich daran erinnerst, ist das, was dein Herz stark beeinflussen wird.

Eine meiner engsten Freunde hat eine Schwester. Die beiden Geschwister wuchsen im selben Zuhause auf und erlebten, wie sich die Eltern scheiden ließen. Heute, etwa zwei Jahrzehnte später, geht es meinem Freund prächtig und er hat ein gutes Verhältnis zu seinen Eltern. Seine Schwester leidet noch immer unter der Scheidung ihrer Eltern von vor mehr als 20 Jahren. Zudem hat sie kein gutes Verhältnis zu ihrem Vater. Wie kann das sein? Beide maßen dem, woran sie sich erinnern, einen unterschiedlichen Wert zu.,. Ich habe ein paar Mal mit meinem Freund darüber gesprochen. Er traf die Entscheidung, nicht zuzulassen, dass die Probleme seiner Eltern sein eigenes Herz beeinflussten. Obwohl er gerade erst ein Teenager war, als sein Vater die Familie verließ, entschied er sich, dem Ereignis einen anderen Wert beizumessen als seine Schwester. Er beschloss, nicht zu urteilen und die Probleme der Eltern nicht zu seinen eigenen zu machen.

Seine Schwester entschied sich hingegen, den Vater zu verurteilen, und sie leidet deshalb noch heute darunter.

Wir müssen die Verantwortung für die Entscheidungen, die wir getroffen haben, übernehmen. Wir sind zwar nicht für die schlimmen Dinge verantwortlich, die uns widerfahren sind, wohl aber für den Wert, den wir diesen Ereignissen beimessen.

Ich erinnere mich an eine Zeit, als ich sowohl von meinem Vater als auch von meiner Mutter an ein und demselben Tag abgewiesen wurde. Zunächst war dies eine äußerst schmerzhafte Situation. Ich hatte viel Wert auf die Beziehung zu meinem Vater gelegt. Wir reisten oft zusammen und predigten an vielen Orten gemeinsam. Hätte ich mein Herz nicht sorgsam behütet, wären diese Erinnerungen in der Lage gewesen, mein Leben zu zerstören. Auf meinem Weg fällte ich mehrere Entscheidungen. Ich beschloss, meine Eltern nicht zu verurteilen und ihnen vorbehaltlos zu vergeben. Dann beschloss ich, ihren Entscheidungen keinen Wert beizumessen, sondern stattdessen Wert auf folgenden Bibelvers zu legen:

> **Psalm 27,10:** Wenn auch mein Vater und meine Mutter mich verlassen, so nimmt doch der HERR mich auf.

Während du die Erinnerungen in deinem Herzen durchgehst, achte sorgfältig darauf, welche Gefühle in dir aufsteigen. Denke daran, wenn starke, negative Emotionen auftauchen, ist dies dein wahrer Herzzustand. Durch Meditation und Entscheidung übergibst du diese negativen Erinnerungen an den Herrn und lädst die Liebe Jesu in sie ein. Indem du dich entscheidest, Gedanken der

Liebe, Vergebung und Güte zu denken und deinem Vater im Himmel, der dich bedingungslos liebt, zu danken, werden deine Erinnerungen ersetzt.

DU WÄHLST DIE ERINNERUNG

Durch die ganze Bibel hindurch spricht Gott über die Bedeutung von Erinnerungen. Dem Volk Israel wurden viele unterschiedliche Dinge aufgetragen, um Andenken zu schaffen. Sie sollten Steine aufschichten, ein Passahfest feiern und vieles mehr, um sich an bestimmte Ereignisse zu erinnern. Doch das Volk Israel limitierte Gott, weil es nicht an dessen Kraft gedachte:

> **Psalms 78,41-42:** Wieder und wieder stellten sie ihn auf die Probe und beleidigten ihn, den heiligen Gott Israels. Sie dachten nicht mehr daran, wie er mit starker Hand eingegriffen und sie aus der Gewalt ihrer Unterdrücker befreit hatte. (NGÜ)

Nachdem Jesus das Brot und die Fische vermehrt hatte, missverstanden die Jünger, was er sagte. Er rügte sie mit den Worten: *„Erinnert ihr euch nicht daran (...)?“*

> **Markus 8,17-18:** Als Jesus merkte, was sie beschäftigte, sagte er: »Warum macht ihr euch Gedanken darüber, dass ihr kein Brot habt? Versteht ihr immer noch nichts? Begreift ihr denn gar nicht? Sind eure Herzen so verschlossen? Ihr habt doch Augen – könnt ihr nicht sehen? Ihr habt

> doch Ohren – könnt ihr nicht hören? Erinnert ihr euch nicht daran (...)? (NGÜ)

Es ist interessant, dass Jesus in diesem Zusammenhang, als sie sich nicht an die guten Dinge erinnerten, die gerade geschehen waren, ihre verhärteten Herzen erwähnte. Ein verkehrtes Herz wird sich immer entscheiden, in jeglicher Situation an das Negative zu denken. Wenn wir uns dabei ertappen, wie wir an schmerzhaften Erinnerungen festhalten, sollten wir daran denken, Gottes Vorbild zu folgen. Das heißt, wir lassen die Erinnerung los und erinnern uns an das Gute.

Beispielsweise können zwei Menschen in demselben Auto fahren und einen Unfall haben. Einer von ihnen erinnert sich an die Verletzung, den Schmerz und den Verlust des Autos. Der andere entscheidet sich, daran zu denken, dass sie noch leben, und er ist dafür dankbar. Im Angesicht von Goliath entschied sich David, sich an den Bären und den Löwen zu erinnern.

> **Lukas 22,19:** Dann nahm er Brot, dankte Gott dafür, brach es in Stücke und gab es den Jüngern mit den Worten: »Das ist mein Leib, der für euch hingegeben wird. Tut das, um euch an mich zu erinnern!« (NGÜ)

Das Abendmahl zu feiern ist im Leben vieler Menschen traurigerweise kaum mehr als eine religiöse Tradition. Jesus sagte uns, wir sollen den Neuen Bund feiern, indem wir uns daran erinnern, was er vollbracht hat. Es ist keine mystische Handlung, wenn wir das Brot und den

Wein zu uns nehmen. Es geht vielmehr um die Entscheidung, uns zu erinnern.

BEKENNTNIS

Jesus, ich danke dir, dass du mich so wunderbar erschaffen hast, mit der Fähigkeit, mich zu erinnern. Ich habe verstanden, dass es in meiner Macht steht, toxische Erinnerungen loszulassen und nicht länger an ihnen festzuhalten. Von jetzt an entscheide ich mich, die guten Dinge im Gedächtnis zu behalten. Ich werde mich täglich an das wunderbare vollbrachte Werk des Kreuzes erinnern.

KAPITEL 19

DIE KRAFT DER VORSTELLUNG

Alle Kinder werden mit einer Vorstellungskraft geboren. Sieh dir nur die Zeichnungen in den Kindergärten an, dann verstehst du, wovon ich spreche. Sobald man mit kleinen Kindern darüber redet, was sie werden wollen, wenn sie groß sind, lassen sie ihrer Fantasie freien Lauf. Für ein Kind sind nach oben keine Grenzen gesetzt, wenn es darum geht, was es erreichen will, wenn es *"groß"* ist. In diesem Alter gibt es nichts, was sie (zumindest in ihren Köpfen) daran hindert, Großartiges zu erreichen.

Doch mit der Zeit verpassen Erwachsene ihren kleinen Herzen einen Dämpfer, indem sie ihnen *"rational"* erklären, warum sie die Träume in ihren Köpfen und Herzen nicht verwirklichen können, und die Vorstellungskraft beginnt sich zu verdunkeln. Manchmal schwindet sie so sehr, dass sie als Erwachsene die Fähigkeit, sich irgendetwas vorstellen zu können, komplett verloren haben.

Vor ein paar Jahren war ich bei einem guten Freund in Österreich zu Gast, der ein dreijähriges Pflegekind hat. Die Pflegemutter bat mich um Rat, wie sie mit dem kleinen Mädchen und ihrer blühenden Fantasie umgehen sollte. Als ich ihr aufmerksam zuhörte, gelangte ich zu der Überzeugung, dass dieses Mädchen mit Engeln interagierte, doch die Erwachsenen im Haus erkannten das überhaupt nicht. Die Kleine sprach immer wieder auf sehr einfache und natürliche Weise über diesen imaginären Freund. Ich bat die Mutter um die Erlaubnis, mit dem Mädchen über dieses Thema sprechen zu können, und, anstatt ihre Erzählungen infrage zu stellen oder herunterzuspielen, ermutigte und unterstützte ich sie darin.

Schon nach wenigen Minuten im Austausch mit dem Mädchen war ich begeistert und traurig zugleich. Ich war begeistert, weil ein kleines Mädchen mit reiner Unschuld in der Lage war, durch ihre gottgegebene Vorstellungskraft mit der geistlichen Welt zu interagieren. Traurig war ich, weil wir Erwachsenen unsere Vorstellungskraft verteufelt haben, anstatt sie zu nutzen, um unsere Herzen zu verändern. Bevor ich mit diesem Thema fortfahre, müssen wir noch einmal zurückgehen und über unser Herz sprechen:

> **Sprüche 16,1:** Die Entwürfe [Anordnung] des Herzens sind des Menschen Sache; aber die Rede des Mundes kommt von dem HERRN. (SCH51)

Wie ich bereits sagte, liegt es in unserer Verantwortung, unser Herz zu ordnen. Die hebräischen Worte, die hier für *Entwürfe des Herzens* verwendet wurden, stammen von dem Wortstamm *in Ordnung bringen* ab. Da wir zugelassen haben, dass unser Herz durch so viele verschiedene Faktoren verkrümmt wurde, ist niemand anderes dafür verantwortlich, es wieder in Ordnung zu bringen, als wir selbst. Ebenso wenig, wie es die Schuld von Umständen, Erfahrungen oder anderen Menschen ist, was mit unseren Herzen geschah, ist auch niemand anderes dafür verantwortlich, den Schaden zu beheben.

Deine Fantasie ist eine mächtige Kraft. Deshalb kannst du nicht ständig im Widerspruch zu dem Bild leben, das du durch deine Vorstellungskraft auf dein Herz gemalt hast.

Doch wenn du lernst, dich auf Gott auszurichten, indem du ihm beständig dankst, wird deine Vorstellungskraft anfangen, Dinge anders zu sehen. Wenn du dankbar bist und Wert darauf legst, was der Herr in deinem Leben gesagt und getan hat, wirst du dich auf die Zukunft vorbereiten. Anstatt ängstlich zu sein und ständig Negatives kommen zu sehen, wirst du hoffnungsvoll werden und Positives erwarten, weil du dein Herz darauf vorbereitet hast.

Ich nutze meine Vorstellungskraft zum Meditieren über das Wort Gottes. So leicht kann es passieren, dass wir die Bibel lesen und kurze Zeit später vergessen, was wir gelesen haben. Das geschieht, weil wir nicht gelernt haben, das Wort Gottes wie Farbe zu benutzen, um ein schönes Bild auf unser Herz zu malen.

Vor kurzem habe ich in Sprüche 4,18 gelesen: „*Aber der Pfad des Gerechten ist wie der Glanz des Morgenlichts, das immer heller leuchtet bis zum vollen Tag.*“ Ich hätte einfach weiterlesen und denken können, wie schön die soeben gelesene Bibelstelle doch ist. Stattdessen hielt ich inne und begann mir vorzustellen, dass ich selbst dieser Gerechte bin, denn das bin ich in Christus. Dann formte ich

Bilder in meinem Herzen, dass sich mein Weg niemals verdunkelt und noch nicht einmal gleich bleibt, sondern er wird heller und heller und heller. Während ich mir das vorstellte, vermischten sich meine Gefühle mit meinen Gedanken und ich schrieb eine wichtige Botschaft auf mein Herz. Es ist so einfach.

DIE KRAFT DER GNADE

Leider wurde Gnade mit ihren vielen Facetten entweder missverstanden oder begrenzt. Die Aussage „*Gnade ist die unverdiente Gunst Gottes*“ hat mir nie gefallen. Ich habe so viele negative Folgen im Leben von Menschen gesehen, die sich diesen Glauben zu Eigen gemacht hatten. Ich glaube zwar, dass ein Aspekt der Gnade Gottes unverdiente Gunst ist; allerdings limitieren wir Gnade, wenn wir ihre volle Bedeutung auf diese eine Aussage reduzieren, denn Gnade ist so viel mehr als das.

Wenn du die Briefe im Neuen Testament sorgfältig studierst, wirst du herausfinden, dass Gnade die Fähigkeit beinhaltet, weit mehr zu tun, als du auf natürliche Weise erreichen könntest. Für alles, was wir nach Gottes Willen tun sollen, gab er uns auch die Kraft, es auszuführen. Wenn Gott uns in seinem Wort ausdrücklich die Verantwortlichkeit für unsere Herzen zuspricht, kannst du sicher sein, dass uns seine göttliche Fähigkeit zur Verfügung steht, um dies zu tun. Lass nichts und niemanden dein Herz beeinflussen außer Gott und sein Wort. Es gibt nur einen Torwächter für dein Herz und das bist du selbst. Denke immer daran, sobald sich Gefühle und Vorstellungen vermischen, hast du eine Botschaft auf dein Herz geschrieben.

WIE MAN MEDITIERT

Das Wort *Meditation* kann unterschiedliche Bedeutungen für verschiedene Menschen haben. Als Debi und ich in Asien waren, trafen wir eine junge Frau aus Singapur, die umherreiste, um in den östlichen Religionen den wahren Sinn des Lebens zu finden. Sie berichtete uns, dass es eine der schwierigsten Zeiten ihres Lebens war, als sie zwei Wochen in einem buddhistischen Tempel verbrachte, wo sie lernen musste zu meditieren.

Sie erklärte uns, dass sie die Aufgabe erhalten hatte, in einen mentalen Zustand des absoluten Nichts (Nirvana) zu gelangen. Sie sollte ihr Herz vollständig von sämtlichen Gedanken leeren. Das ist *nicht* das, was die Bibel über Meditation lehrt.

Das hebräische Wort im Alten Testament für *meditieren* bedeutet, *im Herzen nachzusinnen oder sich etwas vorzustellen.* In der Regel meditiert jeder Einzelne von uns. So hat Gott uns geschaffen. Wie am Anfang dieses Kapitels erwähnt, ist es für Kinder ganz natürlich zu meditieren; wir nennen das nur anders. Wie oft hast du dich schon hingesetzt, um die Bibel zu lesen oder zu beten, und plötzlich stellst du fest, wie deine Gedanken abschweifen? Das war nichts anderes als Meditation. Wann immer du Bilder in deinem Herzen kreierst, meditierst du. Sobald wir verstehen, wie einfach Meditation tatsächlich ist, müssen wir Verantwortung für unser Herz übernehmen und bewusst meditieren, anstatt wahllos über alles Mögliche nachzudenken.

SEI ZIELBEWUSST

Der Herr sprach oft zu mir darüber, bewusst zu leben. Da meditieren (sich etwas bildlich vorzustellen) ein Teil unseres Wesens ist, dürfen wir unsere Gedanken nicht in alle Richtungen wandern lassen, wie es unserem Herzen gerade beliebt. Wir müssen lernen, unsere Meditation bewusst zu lenken. Wissenschaftlichen Erkenntnissen zufolge ist unser Herz in den ersten 30 Minuten des Tages am empfänglichsten und offensten für Veränderungen. Wie du die ersten 30 Minuten deines Tages verbringst, hat also starke Auswirkungen auf dein Herz.

Wenn du aufstehst, aus dem Bett springst, dein Handy anschaltest und dich mit der ganzen Welt verbindest, wird dies dein Herz beeinflussen. Vielleicht erhältst du schon morgens mehrere Nachrichten, die das Potenzial haben, dich zu beunruhigen. Wenn du sie durchliest, erlaubst du, dass Botschaften auf dein Herz geschrieben werden. Wenn du morgens nach dem Aufstehen als Erstes die Nachrichten liest, hörst oder anschaust, formst du

Bilder. Sobald diese sich mit deinen Gefühlen vermischen, schreiben sie Botschaften auf dein Herz, die meist mit Angst verbunden sind.

Wenn du die ersten 30 Minuten deines Tages allerdings bewusst damit verbringst, an deinem Herzen zu arbeiten, wirst du sehr davon profitieren. Du kannst ein paar Herz-Atmungen durchführen (die ich in den Meditationsaudios erkläre) und anschließend Bilder in deinem Herzen über die Güte Gottes, deine Identität in Christus und das, was du in ihm hast, erstellen. Auf diese Weise wird dein Herz fähig werden, sich jeder Herausforderung des Tages zu stellen.

> **Sprüche 3,3:** Gnade und Wahrheit werden dich nicht verlassen! Binde sie um deinen Hals, schreibe sie auf die Tafel deines Herzens.

Stell dir dein Herz als Tafel vor und deine Vorstellungskraft als Stift, mit dem du darauf schreibst. Wir haben gehört, dass wir selbst die Botschaften auf die Tafeln unseres Herzens schreiben. Das tun wir mithilfe unserer Fantasie.

Da Meditation stets das Herz beeinflusst, müssen wir vorsichtig sein, worüber wir meditieren. Wenn du Bilder von Rache, Ärger, Groll und anderen negativen Gefühlen erzeugst, werden sie auf die Tafeln deines Herzens geschrieben. Ich kenne zahlreiche Menschen, die von Angst gelähmt sind, weil sie jeden Tag viel Zeit damit verbringen, sich von den Nachrichten Bilder auf ihr Herz zeichnen zu lassen.

Letztes Jahr schickte mir jemand eine Videobotschaft eines Pastors aus Amerika, der sehr spezifische und detaillierte Ereignisse prophezeite. Er fügte seinen prophetischen Worten Datum und Uhrzeit hinzu und stellte grafisch dar, welch grausame Dinge sich in Amerika ereignen würden. Dieser Mann untermauerte seine Vorhersagen mit einem prophetischen Traum, den er gehabt hatte.

Der Freund, der mir dieses Video schickte, bat mich, es mir anzusehen und ihm meine Meinung darüber mitzuteilen. Ich erklärte meinem Freund, dass ich es nicht für eine echte prophetische Erkenntnis hielt, sondern für eine Prophezeiung aus dem eigenen Herzen dieses Mannes. Außerdem sagte ich ihm, dass wir einfach abwarten müssen, um zu sehen, ob sich die Prophetie erfüllen würde. Als die Zeit verging und die Vorhersagen dieses Mannes nicht eintrafen, begann ich, ein wenig über ihn zu recherchieren.

Bei meinen Nachforschungen entdeckte ich schnell den Ursprung der scheinbar prophetischen Worte. Der Mann hatte gesagt, er sei von den Nachrichten fasziniert. Jeden Tag lese er mehrere *Dutzend* Zeitungen aus der ganzen Welt. Als ich ihn das sagen hörte, wurde mir alles klar, denn mittlerweile habe ich die Macht des Herzens begriffen. Tag für Tag zeichnete er unablässig all diese negativen Bilder auf sein Herz, bis es davon überzeugt war, dass es nur noch Böses auf dieser Welt gab. Und dann prophezeite er aus seinem Herzen heraus.

Angst ist ein sehr kraftvolles Gefühl. Es ist ein Verbrechen, Furcht in das Herz eines Kindes zu pflanzen. Viele Eltern beschützen ihre Kinder aufgrund ihrer eigenen Ängste übermäßig. Meistens sind sie sich der Botschaften nicht einmal bewusst, die sie in die Herzen der Kleinen schreiben. Sie sagen so etwas wie: *„Lauf nicht so schnell, sonst fällst du hin und tust dir weh.“* Daraufhin formt das Kind Bilder in seinem Herzen und es sieht sich selbst fallen und sich verletzen.

Wenn die Überzeugung im Herzen des Kindes eingetreten ist, bekräftigen die Eltern ihren eigenen falschen Herzensglauben, indem sie sagen: *„Siehst du, ich habe dir gesagt, dass du hinfallen wirst.“* Dann sind sie sehr stolz auf sich, weil sie recht hatten. Ich glaube, wir sollten uns ehrlich die Frage stellen, ob das Kind auch dann hingefallen wäre, wenn wir eine andere Überzeugung in sein Herz geschrieben hätten.

Wie kann die Bibel voller Anweisungen sein, die besagen, dass wir uns nicht fürchten sollen, wenn die meisten Christen dennoch mit irgendeiner Art von Angst (Ängsten) kämpfen? Wir müssen der Wahrheit ins Auge blicken. Diese Botschaften haben wir selbst in unser Herz geschrieben und nun müssen wir sie wieder entfernen.

Falls du dies als Elternteil liest und dir bewusst wirst, dass du in irgendeiner Form negative oder angsterfüllte Botschaften auf das Herz deines Kindes oder deiner Kinder geschrieben hast, dann wäre es für sie sehr förderlich und nützlich, wenn du demütig wärst und dein Kind um Vergebung bittest, weil du ihm Angst anerzogen hast. Dabei spielt es keine Rolle, ob es noch klein oder schon erwachsen ist. Es würde ihnen extrem helfen und unnötige Ängste beseitigen. In einer Welt, in der wir täglich von Angst bombardiert werden können, wäre es sehr hilfreich für unsere Kinder, wenn wir alle schädlichen Dinge von ihnen entfernen.

BEKENNTNIS

Vater im Himmel, wenn ich daran denke, wie wunderbar du bist, füllt sich mein Herz mit Begeisterung. Ich sehne mich danach, wie ein Kind zu sein, das seine Kraft zum Träumen und Fantasieren nie verloren hat. Von heute an werde ich meine Vorstellungskraft wiederbeleben und sie nutzen, um dich durch die großartige Herzensveränderung zu verherrlichen, die ich erlebe.

KAPITEL 20

MEDITATION - TIEFER GEHEN

Hast du dich jemals gefragt, weshalb Jesus hauptsächlich in einer bildhaften Sprache lehrte? Die Bibel ist voll mit diesen kraftvollen Wahrheiten, die unsere Vorstellungskraft mit dem Herzen in Verbindung bringen. Eine der ersten Lektionen, die Jesus seine Jünger lehrte, war, wie sie ihre Herzen durch die Kraft der Meditation verändern können. Du fragst dich vielleicht, wo das geschrieben steht. Schau dir diese Bibelstelle genau an:

> **Matthäus 6,26:** Seht die Vögel des Himmels an: Sie säen nicht und ernten nicht, sie sammeln auch nicht in die Scheunen, und euer himmlischer Vater ernährt sie doch. Seid ihr nicht viel mehr wert als sie?

Im griechischen Original des Neuen Testaments bedeutet das Wort *ansehen* nicht einfach nur etwas anzuschauen. Es kommt von einem Wortstamm, der *in deinem Denken wahrnehmen oder darüber nachdenken* bedeutet. Jesus trug ihnen nicht einfach nur auf, einen Blick auf die Vögel zu werfen, sondern sie sollten ein Bild auf ihr Herz malen, wie die Vögel versorgt werden.

Ich glaube, es ist sehr wichtig, die Bibel zu lesen. Genauso wichtig halte ich es, die Bibel zu *studieren.* Doch die meisten Christen begreifen überhaupt gar nicht, dass sie die Worte, die sie lesen, auch anwenden und über sie meditieren müssen. Ich bin ein großer Befürworter des Auswendiglernens von Bibelstellen. Ich habe selbst Tausende von Bibelversen auswendig gelernt und studiere die Bibel seit mehr als vier Jahrzehnten. Gott hat mir in seiner Gnade etliche Begegnungen mit der geistlichen Welt und zahlreiche prophetische Erfahrungen gewährt. Doch nichts hat mein Leben mehr verändert und beeinflusst, als das Wort Gottes aufzunehmen und es zu nutzen, um mein Herz durch Meditation umzugestalten.

Nachdem ich einen Abschnitt in der Bibel gelesen habe, gehe ich ihn noch einmal sorgfältig durch und schaue, welche Wahrheit in meinem Leben zu einer praktischen Erfahrung werden muss. Dann nehme ich diese Wahrheit und meditiere so lange darüber, bis sich meine Gefühle und meine Vorstellungen vermischen und zu einer Einheit werden. Von diesem Zeitpunkt an weiß ich, dass die Botschaft auf mein Herz geschrieben ist.

ES FUNKTIONIERT WIRKLICH

Ich könnte dir dutzende Zeugnisse von Menschen erzählen, die ich persönlich kenne und deren Leben verändert wurde, weil sie ihr Herz geändert haben. Ich las von der Frau eines Pastors, die völlig blind war. Sowohl der Pastor als auch seine Frau glaubten an das Übernatürliche und sie glaubten auch Gott für ihre Heilung. Doch was sie auch taten oder wer für sie betete, sie konnte ihr Wunder nicht empfangen. Regelmäßig besuchten verschiedene Heilungsevangelisten ihre Kirche, um Wunderevangelisationen durchzuführen. Jedes Mal bat sie um Gebet, doch sie wurde nie geheilt.

Eines Tages besuchte ein anderer Heilungsevangelist ihre Gemeinde. Wie immer bat sie ihn um Gebet für ihre Heilung. Nachdem der Mann für sie gebetet hatte, fragte er sie, was sie sieht. Die Frau antwortete, sie könne nichts sehen. Der Mann beharrte darauf und fragte sie erneut: *„Sag mir, was du siehst."* Die Frau versicherte ihm, sie könne nichts sehen. Als der Prediger mit Nachdruck darauf bestand, sie müsse ihm sagen, was sie sehe, verstand sie. Es ging ihm nicht darum, was sie mit ihren natürlichen Augen sehen konnte, sondern vielmehr darum, was sie mit den Augen ihres Herzens sah. Als sie an den Punkt kam, an dem sie sich in ihrem Herzen vorstellen konnte, dass sie sehen konnte, war ihr Augenlicht wiederhergestellt.

Ich habe eine wunderbare Freundin; sie ist Polin. Sie und ihr Mann haben viele Jahre lang versucht, Kinder zu bekommen, doch es ging nicht. Die Ärzte hatten ihnen sogar gesagt, es sei medizinisch unmöglich. Sie haben gefastet und gebetet und jeden, den sie kannten, um Gebet angefragt. Als sie hörten, wie ich über die Kraft, unser Herz zu überzeugen, lehrte, wandten sie genau das an. Anstatt weiter zu beten und zu versuchen, Gott zu bewegen, ihnen ein Kind zu schenken, nahmen sie sich die Zeit, ihre eigenen Herzen durch Meditation zu überzeugen. Nach einigen Wochen sagte die Frau zu ihrem

Mann: „*Ich weiß es jetzt, denn mein Herz glaubt.*“ Heute hat sie zwei wunderbare Kinder.

Ich habe einen anderen Freund in Polen, der ebenfalls verstanden hat, wie wichtig es ist, sein Herz zu verändern. Er war sehr übergewichtig und konnte nicht abnehmen, was auch immer er tat. Er ist verheiratet, in seinen Dreißigern und hat Kinder, außerdem war er süchtig nach Videospielen und hatte keine Selbstdisziplin. Doch er nahm diese Botschaft so ernst, dass er sogar seinen Gamer-Namen von *Ravenous* in *Schlank & sportlich* änderte. Er nahm die Wahrheit aus dem Wort Gottes, die er mit Sicherheit schon zuvor oftmals gelesen hatte, und wandte die Wahrheit über Meditation an. Der von ihm verwendete Bibelvers besagt, dass Gott uns einen Geist der Selbstbeherrschung gegeben hat (vgl. 2.Tim. 1,7).

Zum damaligen Zeitpunkt betrachtete er sich in seinem Herzen als Mann ohne Disziplin. Im Laufe der Jahre hatte er immer wieder versucht, aus seinem miserablen Lebensstil auszubrechen. Als er anfing sich vorzustellen, dass er den Geist der Selbstdisziplin von Gott hatte, wies sein Herz die Lüge, er hätte keine Selbstbeherrschung, zurück, und er wurde davon überzeugt, dass er tatsächlich bereits Gottes Disziplin besaß. Als ich ihn einige Monate später wiedersah, hatte er mehr als 30 Kilo abgenommen!

AUSZIEHEN UND ANZIEHEN

Die Wahrheiten auf unser Herz zu schreiben ist wie das Anlegen des neuen Menschen. Dies ist eine wunderbare und wichtige Tatsache. Schreibt man hingegen die Wahrheiten des Wortes Gottes auf das Herz, ohne zuvor die Lügen zu löschen, denen man bereits Zugang gewährt hat, ist dies, als würde man schöne, saubere Kleidung über seine alte, schmutzige, verschwitzte Sportkleidung anziehen.

> **Epheser 4,22-24:** dass ihr, was den früheren Wandel betrifft, den alten Menschen abgelegt habt, der sich wegen der betrügerischen Begierden verderbte, dagegen erneuert werdet im Geist eurer Gesinnung und den neuen Menschen angezogen habt, der Gott entsprechend geschaffen ist in wahrhafter Gerechtigkeit und Heiligkeit.

Dasselbe, was ich bereits im Hinblick auf die schmerzhaften Erinnerungen der Vergangenheit erläutert habe, gilt auch für die Lügen, die unsere Herzen als Wahrheiten angenommen haben. Falls dein Herz glaubt, du bist ein Versager und wirst nie Erfolg haben, dann betrifft das deinen alten Mensch. Es reicht nicht aus, über die biblische Wahrheit zu meditieren, dass du in Christus vollkommen bist und durch ihn alles tun kannst. Obwohl es unabdingbar ist, dich in deinem eigenen Herzen auf diese Weise zu sehen, musst du auch verstehen, dass zuerst die alten Lügen verschwinden müssen. Als der Herr anfing, mir diese Wahrheiten über Meditation und das Umschreiben meiner Herzensbotschaften zu zeigen, habe ich gewissenhaft begonnen, genau das zu tun.

Während ich mich in einem tiefen Zustand der Meditation befand und meine gottgegebene Vorstellungskraft nutzte, bäumten sich in meinem Herzen immer wieder alte Lügen auf. Sie versuchten, mich davon zu überzeugen, sie seien die Wahrheit. Intuitiv wusste ich, dass ich in meiner Meditation innehalten und *den alten Menschen ausziehen* musste. Ich unterbrach einfach und sagte: *„Dieses Bild ist eine Lüge. Diesen Herzensglauben weise ich zurück. Ich akzeptiere dich nicht länger als Teil meiner Identität. Ich schicke dich fort, weil ich in Christus bin.“* Als ich dies tat, nutzte ich erneut meine von Gott gegebene Vorstellungskraft und sah, wie diese falschen Herzensüberzeugungen von mir abfielen und mich verließen. Als ich fortfuhr, mein Herz neu zu beschreiben, wurden diese Lügen schwächer und schwächer, bis sie komplett verschwunden waren.

Du wirst merken, wenn du fleißig daran arbeitest, deine Herzensbotschaften umzuschreiben, wird dir die Wahrheit, wer du in Christus bist, anfangs wie eine Lüge erscheinen. Dagegen kommt dir die Lüge, dass du ein Versager bist, wie die Wahrheit vor. Mithilfe der kraftvollen Meditationsübungen, die wir im Gebet aufgezeichnet haben, wirst du die Verwandlung erleben, die du dir wünschst.

IN SEINE RUHE EINTRETEN

Laut dem Hebräerbrief ist für das Volk Gottes noch eine Ruhe vorhanden.

> **Hebräer 4,11:** So wollen wir denn eifrig bestrebt sein, in jene Ruhe einzugehen, damit nicht jemand als ein gleiches Beispiel des Unglaubens zu Fall kommt.

Ich liebe Paradoxe in der Bibel, und dies scheint eins davon zu sein. Es wird uns gesagt, dass wir eifrig bestrebt sein sollen, um in Gottes Ruhe einzugehen. Der Ausdruck *eifrig bestrebt* bedeutet im Original *hart arbeiten* oder *sich anstrengen*. Doch wenn man sich anstrengt, ist man nicht in Ruhe. Wie kann man nach Ruhe streben? Das ist ein Paradoxon.

Sobald du den Kontext von Hebräer 4 betrachtest, wirst du feststellen, dass es hier um das Herz geht. In Vers 7 warnt uns der Schreiber, unser Herz nicht zu verhärten. In Vers 12 beschreibt er erneut, wie das Wort Gottes die Gedanken unseres Herzens unterscheidet oder beurteilt.

Um dies zu verstehen, half mir das Bild eines Autos mit Schaltgetriebe, das einen kaputten Anlasser hat. Ich besaß selbst einmal so ein Auto. Alles funktionierte einwandfrei, nur der Anlasser nicht. Es gibt zwei Möglichkeiten: Man kann das Auto vorsichtig vorwärts schieben und es schließlich langsam ans Ziel bringen. So leben viele Christen ihr Leben. Solange es nicht bergauf geht (irgendwelche Schwierigkeiten, Nöte oder Widerstände auftreten), bewegen sie sich langsam durchs Leben.

Der bessere Weg, das Auto zu nutzen, besteht jedoch darin, fleißig zu sein. Das heißt, man muss sich anstrengen, um das Auto mit aller Kraft anzuschieben. Sobald man eine bestimmte Geschwindigkeit erreicht hat, springt man ins Auto, legt den Gang ein und lässt die Kupplung los. Nun springt das Auto an und man kann dorthin fahren, wo man hin will. Du bist nun in Gottes Ruhe eingetreten. Genauso funktioniert es mit der Veränderung deines Herzens.

Erinnerst du dich an meine Ausführungen im letzten Kapitel über die ersten 30 Minuten am Morgen und wie wichtig diese Zeit für dein Herz ist? Es gibt eine weitere, genauso wichtige Zeit, um unser Herz zu beeinflussen, und das ist abends, kurz vor dem Schlafengehen.

> **Psalm 92,2-3:** Gut ist's, dem Herrn zu danken, und deinem Namen zu lobsingen, du Höchster; am Morgen deine Gnade zu verkünden und in den Nächten deine Treue.

> **Psalm 143,8:** Lass mich schon früh am Morgen deine gnädige Antwort hören, denn auf dich vertraue ich. Lass mich den Weg wissen, den ich gehen soll, – meine Seele sehnt sich nach dir. (NGÜ)

> **Markus 1,35:** Und am Morgen, als es noch sehr dunkel war, stand er auf, ging hinaus an einen einsamen Ort und betete dort.

> **Psalm 4,5:** Wenn ihr zornig seid, dann versündigt euch dabei nicht! Denkt nachts auf eurem Lager nochmals nach und schweigt! (NGÜ)
>
> **Psalm 63, 7:** wenn ich an dich gedenke auf meinem Lager, in den Nachtwachen nachsinne über dich.

Wir können in all diesen Versen sehen, wie wichtig es David war, auf seinem Bett über Gott zu meditieren. Viele, viele Jahre lang habe ich versucht, zahlreiche Freunde davon zu überzeugen, ihre schlaflosen Nächte nicht zu verschwenden. Es macht für mich keinen Sinn, wach im Bett zu liegen und zuzulassen, dass deine Gedanken an die diversesten Orte wandern, sich beispielsweise Sorgen machen, und alle möglichen Bilder auf dein Herz malen. Falls du aus irgendeinem Grund nicht schlafen kannst, nutze die Zeit, um über die Wahrheiten aus Gottes Wort zu meditieren. Das wird deinen Körper mit Energie versorgen und dich in ein Leben in Fülle hineinführen.

BEKENNTNIS

Jesus, ich liebe dich und danke dir, dass ich meditieren kann und mich nichts davon abhält. Ich sehne mich wirklich danach, über dich, deine Liebe und das vollbrachte Werk am Kreuz zu meditieren, wenn ich abends in meinem Bett liege und wenn ich morgens aufwache. Heiliger Geist, bitte hilf mir zu lernen, in meinen Meditationen wirklich in die Tiefe zu gehen. Du bist es wert, über dich nachzusinnen.

KAPITEL 21

DIE RICHTIGEN SAMEN PFLANZEN

Ich habe mein Bestes getan, um dich davon zu überzeugen, wie wichtig dein Herz ist. Dein Leben wird immer davon bestimmt werden, wie du dich in deinem Herzen siehst. Wenn du dein Herz vernachlässigst, wirst du die Folgen spüren.

Ich kenne einen Mann, der selbst in seinen frühen Zwanzigern noch so schüchtern und introvertiert war, dass er nicht in der Lage war, mit Menschen zu sprechen und ihnen in die Augen zu sehen. Er verlor in frühen Jahren seinen Vater, wodurch er viele Schwierigkeiten hatte. Treu veränderte er das Bild seines Herzens über sich selbst, und heute ist er kontaktfreudig und einer der besten Prediger, die ich kenne. Er agiert kraftvoll im Übernatürlichen und hat mehrere Menschen von den Toten auferweckt. Du kannst das Gleiche tun:

> **Hebräer 13,9:** Lasst euch nicht von vielfältigen und fremden Lehren umhertreiben; denn es ist gut, dass das Herz fest wird, was durch Gnade geschieht, nicht durch Speisen, von denen die keinen Nutzen hatten, die mit ihnen umgingen.

> **Jakobus 5,8:** So wartet auch ihr geduldig; stärkt eure Herzen, denn die Wiederkunft des Herrn ist nahe!

Hier wird uns gesagt, wir sollen unser Herz stärken. Das Wort *stärken* bedeutet im Urtext *festmachen.* Es liegt in deiner Verantwortung, dein Herz durch die Kraft der Meditation zu festigen.

DAS GESETZ VON SAAT UND ERNTE

Dieses Gesetz wurde von Gott im Universum verankert und es funktioniert perfekt. In der Tat bewegt sich die gesamte Welt aufgrund dieses Gesetzes. Sollte es außer Kraft gesetzt werden, würde die Welt innerhalb kürzester Zeit erlöschen. Dein Vater pflanzte einen Samen in den Leib deiner Mutter und du wurdest geboren. Würde niemand ein Saatkorn pflanzen, würde die Welt in einigen Jahren aufhören zu existieren.

Alles, was du isst, hat mit dem Gesetz von Saat und Ernte zu tun. Wenn ein Stier keinen Samen in die Kuh pflanzt, hast du weder Fleisch noch Milch. All das Obst, Gemüse und Brot, das du isst, gibt es nur aufgrund dieses Gesetzes. Selbst Schokolade würde aufhören zu existieren, falls dieses Gesetz aufgehoben würde.

Mir ist schon einmal die Behauptung zu Ohren gekommen, das Gesetz von Saat und Ernte bestünde im Neuen Bund nicht mehr, doch das stimmt nicht. Wenn Christen über dieses Gesetz sprechen, bringen sie es leider oft nur mit Finanzen in Verbindung. Obwohl es auch für den Bereich der Finanzen gilt, ist es keineswegs darauf beschränkt.

Paulus sagt uns im Galaterbrief: „*Was der Mensch sät, das wird er auch ernten.*“ (Gal. 6,7b) Diese Wahrheit zu verstehen ist wichtig, wenn wir über das Herz sprechen. Sicherlich erinnerst du dich an das wichtigste Gleichnis, das wir betrachtet haben. Ich nenne es *Das Gleichnis vom Herzen.* Daher ist das Gesetz von Saat und Ernte sehr bedeutsam für unser eigenes Herz.

DIE RICHTIGEN SAMEN PFLANZEN

Jesus hat sehr deutlich gemacht, dass unser Herz der Acker ist und der Same das Wort Gottes. Für das, was dir widerfährt oder was andere Menschen dir antun, bist du niemals verantwortlich. Doch du trägst sehr wohl die Verantwortung dafür, welche Samen du in dein eigenes Herz pflanzt. Was du auf die Tafeln deines Herzens schreibst oder auf die Leinwand deines Herzens malst, sind die Samen, die du pflanzt. Täglich pflanzen wir unterschiedliche Samen. Du entscheidest, ob du Liebe oder Hass, Freundlichkeit oder Ärger, Verurteilung oder Vergebung, Kritik oder Ermutigung säst. Denke daran, du wirst immer ernten, was du säst, also säe gute Samen. Indem du über das Positive meditierst, wird dein Herz Energie in deinem Körper freisetzen, die den Ausgang deines Tages beeinflussen wird.

Paulus war sich der Bedeutung dieser Wahrheit sehr bewusst. In **Philipper 4,8** sagt er uns:

> Im Übrigen, ihr Brüder, alles, was wahrhaftig, was ehrbar, was gerecht, was rein, was liebenswert, was wohllautend, was irgendeine Tugend oder etwas Lobenswertes ist, darauf seid bedacht!

Paulus setzt diese Aussage mit der Bestätigung fort, dass dann der Friede Gottes mit uns sein wird. Durch Meditieren säst du diese guten Gedanken in dein Herz und der Ertrag, den du erntest, wird Frieden sein.

UNSERE HERZEN SCHWÄNGERN

Unser Herz ist die Gebärmutter, das Wort Gottes ist das Sperma und Meditation/Vorstellungskraft ist der Prozess, der das Ei befruchtet. Es ist ein einfacher, aber sehr kraftvoller Prozess. Was auch immer du mit deinen natürlichen Augen sehen oder was du erleben willst, musst du zuerst mit den Augen deines Herzens erkennen. Weil das so wichtig ist, möchte ich hier noch einmal 1. Mose 6,5 zitieren:

> **1. Mose 6,5:** Und der HERR sah, dass die Bosheit des Menschen auf der Erde groß war und alles Sinnen der Gedanken seines Herzens nur böse den ganzen Tag.

Beim erneuten Betrachten dieses Verses müssen wir uns daran erinnern, dass hier für *Sinnen* das Wort *Vorstellungskraft* verwendet wird. Es gibt keine Abkürzung, um unser Herz zu verändern. Wie schnell die Botschaften auf unserem Herzen umgeschrieben werden, hat damit zu tun, wie tief die Lügen oder falschen Überzeugungen in dein Herz eingraviert wurden. *Vorstellen* meint den *Prozess des Gestaltens eines mentalen Bildes von etwas, das in der natürlichen oder gegenwärtigen Welt nicht existiert.*

Es gibt einen großen Unterschied zwischen Fantasiegebilden und wahrer biblischer Meditation. Ein Fantasiegebilde ist nicht real, weil sie auf keinerlei Beweisen beruht. Eine Vorstellung ist hingegen sehr real, denn sie basiert auf den Beweisen von Gottes Wort und seinem Willen für mich. Es ist sehr gefährlich, ein Wunschbild mit der Vorstellungskraft und biblischer Meditation zu verwechseln. Ich habe gesehen, wie viele Leben ruiniert wurden, weil sie sich der Einbildung hingaben und dachten, es sei Meditation.

Manche Menschen malen sich zum Beispiel in ihrer Fantasie die perfekte romantische Ehe mit einer bestimmten Person aus. Weil sie diese Botschaften auf ihr Herz schreiben, handelt ihr Körper nun entsprechend dieser Herzensüberzeugung, und sie gehen eine Beziehung ein. Erfüllt sich ihr Wunschbild dann nicht, weil es weder auf dem vollbrachten Werk des Kreuzes noch auf dem Wort Gottes beruht, sind sie verwirrt und enttäuscht. Eine Ehe nach Gottes Wort ist etwas anderes als eine Fantasie. Wenn du über die Wahrheiten meditierst, wer *du in Christus* bist, wirst du zu dem Partner, der so liebt wie Christus liebt.

Denke immer daran, dass deine Vorstellungskraft ein von Gott gegebenes Werkzeug ist, das du ordnungsgemäß einsetzen musst, um dein Herz zu verändern. Folgenden Test habe ich bereits mehrfach durchgeführt. Ich bitte Menschen aller Altersgruppen, mir zu sagen, wie viele Fenster es in dem Haus, in dem sie als Kind aufwuchsen, insgesamt gab, in ihrem Schlafzimmer, dem Wohnzimmer und der Küche. Jeder konnte es mir sagen. Fragte ich sie dann, ob sie als Kind jemals diese Fenster gezählt hätten, verneinten alle. Das beweist, wie Gott unsere Herzen geschaffen hat, nämlich so, dass sie Informationen in Bildern und nicht in Worten speichern.

Ich zeige dir, wie einfach es ist, das Bild in deinem Herzen zu verändern. Wenn du das Wort *Hund* hörst, woran denkst du dann? Natürlich nicht an die Buchstaben H...U...N...D, sondern du stellst dir einen Hund bildlich vor. Dieses Bild ist in deinem Herzen gespeichert. Erlaube mir, das Bild in deinem Herzen umzuformen. Denke an einen großen, schwarzen Deutschen Schäferhund. Jetzt ist ein konkretes Bild in deinen Gedanken. Mit dieser simplen Übung habe ich dir gezeigt, wie einfach es ist, das Bild in deinem Herzen zu verändern.

Ich habe es schon so oft gesagt und werde es wiederholen: Deine heutigen Erfahrungen sind das Resultat von dem, was dein Herz gestern geglaubt hat. Jeder von uns hat mittels seiner Vorstellungskraft unzählige Samen in die Gebärmutter seines Herzens gepflanzt. Deine Erfahrung ist das Baby, das aus dieser Schwangerschaft deines Herzens geboren wurde. Falls wir nicht bereit sein sollten, die Verantwortung dafür zu übernehmen, was wir zur Welt bringen, kann sich unser Leben niemals ändern. Vielleicht hast du Samen in dein Herz gepflanzt wie: *„Alle Menschen sind böse.“*, *„Ich werde nie beachtet werden.“*, *„Ich werde immer allein sein.“*, *„Ich werde immer arm sein.“*, *„Ich werde nie Erfolg haben.“*, *„Frauen sind Objekte, die dazu da sind, benutzt zu werden.“* oder *„Kinder sind Quälgeister.“*. Solltest du Samen dieser Art pflanzen, wird die Zeit kommen, in der du gebären wirst. Deine Schwangerschaft mag eine Weile dauern, doch die Geburt wird sicher kommen.

Kürzlich habe ich eine gebildete Frau beraten, deren Leben chaotisch war. Sie versuchte, es in den Griff zu bekommen, doch ohne Erfolg. Sie war einsam, depri-miert, verletzt und sah keinen Ausweg. Sie wollte unbedingt heiraten (ich glaube, sie war in ihren Dreißigern), hatte aber keinen Erfolg in Beziehungen. Als ich mehrmals mit ihr sprach, wurde mir sehr deutlich, dass die Problematik an ihrem Herzen lag und nicht an ihren Umständen. Sie fragte mich, was sie tun könne, um einen guten Ehemann zu finden. Während des Gesprächs kam die schmerzhafte Aussage auf, dass sie keinen schwarzen Mann wolle, weil diese Männer Frauen verletzen.

Als ich diese verallgemeinerte Aussage hinterfragte und ihr ihren eigenen Herzensglauben verdeutlichte, erkannte sie, dass dies nicht der Wahrheit entsprach, sondern die spezifische Überzeugung ihres eigenen Herzens war. Im Laufe des Gesprächs realisierte sie, dass sie durch all ihre anderen Beziehungen ebenfalls verletzt und enttäuscht worden war. Mein Herz brach vor Mitgefühl. Solange sie ihre Herzensüberzeugung gegenüber Männern nicht ändert, wird ihr Herz immer wieder Männer an sich ziehen und sie in Beziehungen treiben, die sie am Ende verletzen. So kraftvoll funktioniert unser Herz.

DIE REALITÄT DES UNSICHTBAREN

Im christlichen Glauben dreht sich alles um das Unsichtbare. Deshalb sollte das Konzept der

Vorstellungskraft uns Christen nicht fremd sein. So viele Dinge im Christentum sind unsichtbar, und doch machen wir sie uns zu Eigen. Wir glauben an einen Gott und an einen Himmel, den wir nie gesehen haben. Wir glauben an einen Mann, der den Preis für unsere Sünden bezahlt hat – 2000 Jahre, bevor wir geboren wurden:

> **Hebräer 11,1:** Es ist aber der Glaube eine feste Zuversicht auf das, was man hofft, eine Überzeugung von Tatsachen, die man nicht sieht.

Du musst glauben, dass alles, was Gott sagt, wahr ist, und dass die Dinge, die du lediglich mit der Vorstellungskraft deines Herzens sehen kannst, realer sind als das, was du mit deinen natürlichen Augen siehst.

Die Vorstellung im Herz geht der Manifestation in der natürlichen Welt immer voraus. Bevor ich das erste Heilungswunder sah, hatte ich in der Vorstellung meines Herzens bereits Tausende von Wunder gesehen. Solltest du mit Misserfolgen oder Niederlagen zu kämpfen haben, liegt das daran, dass du dich in deinem Herzen so siehst. Die besten Träume träumst du nicht nachts, sondern tagsüber in den Kammern des Herzens.

Stell dir vor, es gibt ein Reservoir, das mit der Fülle Gottes gefüllt ist. Jedes Wunder, jede Heilung, jede Versorgung, jeder Erfolg und jeder Sieg befinden sich in diesem Reservoir. Durch das vollbrachte Werk des Kreuzes gehört das alles dir. Dieses Reservoir ist durch ein Rohr mit deinem Leben verbunden. In der Mitte dieses Rohrs befindet sich ein Ventil in Form deines Herzens. Nichts kann durch das Rohr fließen, wenn dieses Ventil nicht geöffnet wird. Wenn du alle Vorräte im Reservoir als deine eigenen betrachtest, ist das Ventil geöffnet. Sieht dein Herz, dass dir all diese Dinge mangeln, ist das Ventil geschlossen.

DAS TRAURIGE ENDE VON ELIA

Elia war ein großer Prophet, der außergewöhnliche Dinge mit Gott erlebte. Er wurde mehr als drei Jahre lang auf übernatürliche Weise von Gott versorgt. Er rief Feuer vom Himmel herab und sah viele andere Wunder. Als er sein Herz nicht bewahrte und destruktiven Vorstellungen erlaubte, eine Botschaft auf sein Herz zu schreiben, war sein erfolgreicher Dienst vorüber.

> **1. Könige 19,1-3:** Und Ahab erzählte der Isebel alles, was Elia getan hatte, und wie er alle Propheten mit dem Schwert umgebracht hatte. Da sandte Isebel einen Boten zu Elia und ließ ihm sagen: Die Götter sollen mir dies und das tun, wenn ich morgen um diese Zeit mit deinem Leben nicht so verfahre wie du mit ihrem Leben! Und als er *das sah,* machte er sich auf und ging fort um seines Lebens willen; und er kam nach Beerscheba, das zu Juda gehört, und ließ seinen Burschen dort zurück. (Hervorhebung durch den Autor)

Schau, was in dieser Geschichte passiert. Elia hatte gerade einen seiner größten Siege errungen. Mit seinem Schwert schlug er zahlreichen Baals-Propheten den Kopf ab. Als Isebel das hörte, schickte sie eine Nachricht und ließ ihm ausrichten, dass sie ihm bis morgen das Gleiche antun werde, was er ihren Baals-Propheten angetan hatte. Die Bibel sagt uns, dass er um sein Leben rannte, als er das *sah*. Warum steht hier nicht, als er es *hörte*? Wo hat er es gesehen? Mittels seiner Vorstellungskraft kreierte er das Bild in seinem Herzen, wie ihm der Kopf abgeschlagen wurde. Er hatte gerade einen unglaublichen, übernatürlichen Sieg von Gott erlebt. Und nun endete sein Dienst auf tragische Weise in einer Niederlage.

Auch hier sehen wir die Macht des Herzens. Er formte ein Bild in seinem Herzen; das Herz übermittelte diese Information an das Gehirn; das Gehirn verarbeitete sie, setzte Hormone der Depression frei und gab dem Körper den Befehl, um sein Leben zu laufen. Wenn du den Rest der Geschichte aufmerksam liest, wirst du erkennen, dass dies nicht nur das Ende seines Dienstes darstellte, sondern dass er die letzten Aufgaben, die Gott ihm übertrug, nie zu Ende geführt hat.

Die ganze Bibel hindurch sehen wir die Kraft des Herzens. Ich könnte darüber ein Buch schreiben, das vermutlich doppelt so dick wäre wie dieses. Doch ich vertraue dir und dem Heiligen Geist, dass du von mir genug in die Hand bekommen hast, um alles zu verstehen, zu erkennen und dein Leben zu verwandeln, indem du dein Herz veränderst und sorgfältig behütest. Dieses Buch wird sein volles Potenzial in deinem Leben nur dann entfalten, wenn du die kraftvollen Meditationsübungen anwendest, die zusammen mit diesem Buch erhältlich sind. Ich habe 20 Jahre harte Arbeit, Studium,

Forschung und die Veränderung meines eigenen Herzens in dieses Projekt investiert.

Möge Jesus verherrlicht werden, indem dein Leben verwandelt wird und du all die guten Dinge erlebst, die Gott für dich bereithält. Mögest du außerdem zugerüstet werden, um anderen zu helfen, das Gleiche zu tun.

BEKENNTNIS

Jesus, du bist der Lebensspender und Schöpfer aller Dinge. Alles Leben kommt von dir. Du hast dich entschieden, mich auf so kraftvolle Weise zu erschaffen, dass ich das Gesetz von Saat und Ernte in mir trage. Ich entscheide mich, viele wunderbare Samen in mein Herz zu pflanzen. Ich liebe dich so sehr und von ganzem Herzen.